W0271589

Für meinen
Sohn Frank

ARMIN MAYWALD

WATTENMEER

IM WECHSEL DER GEZEITEN

TECKLENBORG VERLAG

Impressum

Umwelthinweis:
Der Inhalt dieses Buches wurde auf Papier
mit chlorfrei gebleichtem Zellstoff gedruckt.
Das Einbandmaterial ist recyclebar.

Die deutsche Bibliothek - CIP Einheitsaufnahme

Wattenmeer
Armin Maywald - Steinfurt: Tecklenborg Verlag, 1999
ISBN 3-924044-44-9
NE: Maywald, Armin

1. Auflage Mai 1999

© 1999 by Tecklenborg Verlag
Siemensstraße 4
D-48565 Steinfurt

Fotos: Armin Maywald
mit Ausnahme von Thomas Hegenbart: S.5 und
Gerhard Schulz: S. 74, 142 (Pallas)
Lektorat: Karl Heinz Schweigstill
Layout: Norbert Wessels
Lithoherstellung: Druckhaus Tecklenborg

Printed in Germany by
Druckhaus Tecklenborg, Steinfurt

Das Werk einschließlich aller seiner Teile ist urheberrechtlich
geschützt. Jede Verwertung außerhalb des Urheberrechtsgesetztes
ist ohne Zustimmung des Verlages unzulässig und strafbar.
Das gilt insbesondere für Vervielfältigungen, Übersetzungen,
Mikroverfilmungen sowie der Einspeicherung und Verarbeitung
in elektronischen Systemen.

Verlag und Autor garantieren, daß es sich
bei den Fotografien in diesem Werk um
Originalaufnahmen handelt, die nicht digital
verändert wurden.

ISBN 3-924044-44-9

INHALT

Einleitung

Das Wattenmeer ist eine der letzten großen Naturlandschaften Mitteleuropas. Es ist weltweit einzigartig und hat seinen ursprünglichen Charakter in Teilen bewahren können. Knapp zehn Jahre ist es her, als ich diese Sätze schrieb. Und ich habe gleich meine Zweifel angemeldet und fleißig diskutiert, ob und wie wir Menschen in der Lage sind, den schutzbedürftigen Naturraum langfristig zu bewahren. Die Zweifel sind geblieben. Die Existenz der drei Nationalparke im Wattenmeer hat zwar Verbesserungen en detail gebracht, en gros ist die Trendwende zugunsten des Wattenmeeres aber ausgeblieben. Davon zeugen „schwarze Flecken", so groß wie ein Fußballfeld, und der Bau der „Europipe" durchs Watt ebenso wie häufigere Algenblüten und die vermeidbare Havarie des Holzfrachters „Pallas" vor Amrum.

In diesem Buch wollte ich die Gefahren und Risiken nicht noch einmal beschreiben. Dieses Buch mußte anders werden. Ich wollte mir einen anderen Zugang verschaffen und in einem Naturraum, den ich zu kennen glaubte. Der übliche, „zeitgemäße" Zugang zur Natur ist der naturwissenschaftliche, orientiert am Meß- und Zählbaren, das können Arten sein, aber auch Lebensäußerungen von Tieren. Als ausgebildetem Biologen fällt es mir leichter, von ökologischen Zusammenhängen zu berichten, von Tieren und Pflanzen, ihren Anpassungs- und Überlebensstrategien. Schwieriger ist es da schon, die Faszination, die vom Naturraum Wattenmeer ausgeht, zu schildern, etwas von seiner Bedeutung für den Menschen, also auch für mich, zu vermitteln. Warum kommen so viele Menschen jedes Jahr wieder zurück an die Küste? Weil sie die Landschaft in ihren Bann geschlagen hat. Sie haben ursprüngliche Landschaft mit ihren Sinnen gespürt, ohne einen Gedanken an ökosystemare Zusammenhänge zu verschwenden. Sie haben Atmosphäre erfahren, Weite erlebt, Bilder gesehen, von denen sie emotional berührt wurden – kurz: Sie haben einen „natürlichen" Zugang zur Natur erfahren, der in ihrem ästhetischen Empfinden wurzelt. Menschen können Landschaften verändern, umgekehrt können Landschaften die Psyche des Menschen prägen, davon bin ich fest überzeugt. Vielleicht entsprechen sich die Weite des Wattenmeeres und die sprichwörtliche Wortkargheit der Nordfriesen…

In diesem Buch habe ich beides versucht, ökologische Zusammenhänge zu vermitteln mit Worten und den sinnlichen Zugang zu verschaffen mit Hilfe der Fotografie. Bei der Arbeit an dem Buch habe ich erfahren, daß es nicht nur wichtig ist, den Naturraum Wattenmeer zu schützen, sondern auch Erfahrungsräume für unsere Kinder.

H. Maywald

Wie das Watt entstand

Mal Land, mal Meer - das Watt ist ein Zwitter, der stetig sein Gesicht verändert, im Takt der Gezeiten. Sonne und Mond, Ebbe und Flut, Wind und Wellen - dem Zusammenspiel der ewigen Kräfte verdankt das Wattenmeer seine Existenz. Zwischen Mond und Erde, aber auch zwischen Sonne und Erde wirken kosmische Kräfte in der Form von Massenanziehung und Fliehkraft. Der Mond zieht die Erde an und umgekehrt, immerhin so kräftig, daß sich die Wassermassen der großen Ozeane zum Mond hin auftürmen, einen halben Meter hoch. Auf der Seite der Erde, die vom Mond abgewandt ist, entsteht ebenfalls ein Flutberg, etwas flacher, weil hier die Fliehkraft des rotierenden Mond-Erde-Gespanns die Mondanziehung überwiegt. Durch Überschuß an Anziehungskraft, zum Mond hingerichtet, und Überschuß an Fliehkraft, vom Mond wegziehend, entstehen zwei Flutberge, die sich jeden Tag einmal um die Erde bewegen. Im Wattenmeer kann man also zweimal am Tag Ebbe und Flut erleben, jeden Tag etwas später. Der Mond wandert: 28 Tage braucht er, um die Erde einmal zu umrunden. Dabei dreht sich die Erde einmal pro Tag unter dem Mond weg. Jeden Tag trifft

er etwas später ein, knapp 52 Minuten, den 28. Teil eines Tages. Und wie der Mond, so hinken auch die Flutberge etwas nach. Das heißt: Von Flut zu Flut vergehen 12 Stunden und knapp 26 Minuten, von Ebbe zu Flut sechs Stunden und zwölfeinhalb Minuten.
Auch zwischen Erde und Sonne wirken Massenanziehung und Fliehkraft, nur weniger stark, weil die Sonne erheblich weiter entfernt ist. Die Kraft der Sonne, Flutwellen und damit Gezeiten zu erzeugen, ist etwa halb so groß wie die des Mondes. Steht der Mond mit Sonne und Erde in einer Linie, bei Neu- und Vollmond, ergänzen sich ihre Kräfte, und es entstehen besonders hohe Flutberge. Es kommt zur Springflut, und das Wasser läuft höher den Deich hinauf; bei Ebbe zieht es sich weiter zurück. Bei Halbmond bilden Sonne, Mond und Erde einen rechten Winkel, ihre Kräfte wirken gegeneinander. Flutberge und Ebbetäler bleiben flach, das Hochwasser nippt am Deich, es ist Nippflut.
Das Festland zerschneidet die Wasserhülle der Ozeane und verändert so den Ablauf der Gezeiten. Der Gezeitenhub der Nordsee allein wäre nur schwach,

Mensch und Natur werden vom ewigen Spiel der Kräfte beherrscht. Wenn die See „kocht" oder das Watt sich bloßlegt, müssen die Kutter warten, bevor sie wieder auslaufen.

denn der Mond wandert in knapp 20 Minuten über sie hinweg - zu kurz, um Gezeitenwellen zu erzeugen. Aber die Nordsee ist ein Randmeer des Atlantiks, und dessen Gezeitenwelle schwappt nördlich von Schottland in die Nordsee über einen Korridor, der rund 500 Kilometer breit ist. Die Hochwasserwelle läuft entlang der englischen Ostküste nach Süden, streift gegen den Uhrzeigersinn die Kette der West- und Ostfriesischen Inseln und erreicht etwa 16 Stunden nach Eintritt in die Nordsee die dänische Küste bei Sylt.

Strömung ist eine Folge von Gezeiten. Auf den Wattflächen fließt das Wasser relativ langsam, etwa einen halben Meter in der Sekunde. In Prielen strömt es doppelt so schnell, während in den großen Rinnen und Seegats zwischen den Inseln das Wasser mit etwa zwei Metern pro Sekunde durchrauscht. Schlick und Sand werden mitgerissen, gröbere Partikel bei starker Strömung immer wieder verfrachtet. Mit jeder Flut werden im Wasser frei schwebende Stoffe bewegt, Sand, Schluff und Ton, das Baumaterial der Watten. Lediglich ihre Korngröße unterscheidet sie voneinander. Nahe der Niedrigwasserlinie verläuft das Sandwatt. Dort wirkt der Seegang am längsten und stärksten, feinere Körner und Flocken werden immer wieder ausgespült. Je höher die Flut rollt, um so stärker wird sie gebremst; feine und feinste Partikel können sich ablagern. Schlickwatt bildet sich nahe der Hochwasserlinie, also vor der Küste, und auf den Wasserscheiden der Wattrücken hinter den Inseln. Hier zeigt der Seegang kaum noch Wirkung. Zonen mit unterschiedlichen Sand-, Schluff- und Tonanteilen entstehen: das Sandwatt, das zu 90 Prozent aus Sandkörnern besteht, das Mischwatt mit einem Sandanteil von 50 bis 90 Prozent und das Schlickwatt, in dem Schluffe und Tone überwiegen. Beim Umschlagen der Tide setzen sich feine Flocken aus organischem Material ab. Sein Anteil kann im Schlick bis zu zehn Prozent betragen - die Grundlage für üppiges Leben.

Ein Teil des organischen Materials entstammt der Nordsee. Getreibsel, dazu einzellige Algen, die im freien Wasser leben und sterben, werden ins Watt geschwemmt und lagern sich dort ab, etwa 650 Gramm im Jahr auf jedem Quadratmeter Watt. 250 Gramm Biomasse bringt das Watt auf gleicher Fläche hervor, so daß sich auf natürlichem Wege etwa 900 Gramm organisches Material bildet.

Je nach Lage zum Meer kann man verschiedene Watt-Typen unterscheiden: Rückseitenwatten haben sich auf der seeabgewandten Seite von Düneninseln gebildet. Dazu zählen die Wattflächen hinter den West-, Ost- und Nordfriesischen sowie den Dänischen Nordseeinseln. Der Schutz zur Seeseite fehlt den offenen Watten. Es sind vornehmlich Sandplaten, vergleichbar den meerseitigen Sandstränden vieler Inseln, besonders häufig nördlich der Weser bis zur Halbinsel Eiderstedt. Buchtenwatten sind im Dollart, der Leybucht und im Jadebusen zu finden, Ästuarwatten in den Mündungen von Elbe, Weser und Ems.

Watt ist also nicht gleich Watt. Die verschiedenen Flächen formen ein wechselvolles Mosaik, das zusätzlich von oben nach unten gegliedert ist. Stets von Wasser bedeckt ist das sogenannte Sublitoral, der Unterwasserbereich mit stets wasserführenden Prielen und Rinnen. Die eigentliche Gezeitenzone ist das Eulitoral, die freifallenden Wattflächen, die etwa Zweidrittel der Gesamtfläche des Wattenmeeres einnehmen. Seltener überflutet, meist nur bei Sturmfluten, ist das Supralitoral. Im Wattenmeer wachsen darauf die Salzwiesen, auch Außengroden oder Heller genannt, in denen Blütenpflanzen zu einer dichten Pflanzendecke verwachsen sind. Das Wattenmeer ist ein Ablagerungsraum,

Aus der Luft betrachtet, wirkt die Hallig Gröde-Appelland (links oben) etwas verloren zwischen Rinnen und freigefallenen Sandplaten. Im Schlickwatt unterbrechen nur die Lebensspuren von Würmern die Wattoberfläche, während im Sand- und Mischwatt durch Seegang und strömendes Wasser charakteristische Rippeln entstehen.

Priele sind die Lebensadern des Wattenmeeres; über sie fließt das Wasser bei Ebbe ab und strömt bei Flut, angereichert mit Nährstoffen, wieder ins Watt.

Schicht um Schicht von der Nordsee aufgetragen, 7.300 km² Schwemmland, das die Nordseeküste Hollands, Deutschlands und Dänemarks säumt, 450 Kilometer lang und sieben bis 20 Kilometer tief in die Nordsee hinein. Zum Meer hin grenzt sich das Watt durch eine Kette von Inseln und Sandbänken ab. Sie schützen das Watt vor dem unmittelbaren Angriff der Brandung. Und dennoch: Inseln und Sände sind Spielbälle des Meeres. So hat sich die Vogelinsel Trischen in knapp hundert Jahren um eine Inselbreite nach Osten verlagert. Sylt verliert in jedem Jahr einen Streifen Insel an die Nordsee. Das Meer trägt ab, sortiert und verteilt: Es gibt keinen Stillstand im Watt, es sei denn, der Mensch errichtet massive Schutzwerke, um gefährdete Inseln festzulegen.
Es ist erst 12.000 Jahre her, da konnte man trockenen Fußes von Deutschland nach England laufen, denn der Meeresspiegel lag 45 Meter tiefer. Wo heute die Doggerbank liegt, jagten Wölfe und Bären, schlenderten Mammut, Ur und das Wollhaarige Nashorn über die Tundra. Die Geschichte des Nordseebeckens ist geprägt vom Wechsel zwischen Warm- und Kaltzeiten. Noch vor

85.000 Jahren, dem Ende der Saale-Eiszeit, war fast der gesamte Nordseeraum eine Eiswüste, bedeckt von Gletschern aus Skandinavien. Sie waren über die Norddeutsche Tiefebene vorgedrungen bis an den Rand der Mittelgebirge. Die Gletscher bargen gewaltige Wassermassen. Als sie in der folgenden Eem-Warmzeit abschmolzen, wurden 37 Millionen Kubikkilometer Wasser frei, der Meeresspiegel stieg und reichte etwa bis an die heutige Küstenlinie. In der nächsten Kaltzeit, der Weichsel-Eiszeit, sank der Meeresspiegel gleich um 100 Meter. Diesmal bedeckten die Gletscher nur den nördlichen Teil der Nordsee, im Osten reichte der Eisrand bis an die Elbe. In der folgenden Warmzeit hinterließen die Gletscher in Holstein eine Seen- und Hügellandschaft. Das Schmelzwasser überflutete den „Nordsee"-Boden, der Meeresspiegel stieg wieder an, und das Wasser drang immer mehr nach Süden vor, ein Vorgang, den man Transgression nennt und der auch heute noch anhält. Vor 7 bis 9.000 Jahren begann der Meeresspiegel weltweit sehr rasch zu steigen, maximal bis zu zwei Meter im Jahr und von 45 auf acht Meter unter heutigem Niveau.

Das vorstoßende Meer hemmte den Abfluß vom Festland mit der Auswirkung: Tiefer liegende Gebiete begannen zu versumpfen, Erlenbruchwälder und Schilfröhrichte wuchsen heran, Moore entstanden, und Torf lagerte sich ab. Der Meeresspiegel hob sich weiter und verschob die Moorzone allmählich nach Süden. Auf diese Weise entstand eine geschlossene Torfschicht, die aus der Nordsee langsam aufsteigt und heute im Hinterland in den Randmooren der Geest zu Tage tritt. Wo Meerwasser das Moor überspülte, lagerte sich Meereston ab. In Phasen des Stillstandes oder gar Rückzuges des Meeres, sogenannten Regressionen, wurde der marine Ton wieder von Brack- und Süßwasserton überdeckt. Etwa zehn Mal pendelte seither die Grenze zwischen Land und Meer hin und her.

Die heutige Küstenform ist im wesentlichen in den letzten 5.000 Jahren entstanden. Der Meeresspiegel lag etwa fünf Meter unter dem heutigen Niveau, die englische Insel war bereits vom Festland getrennt - da türmte die Brandung eine Serie von langgestreckten Sandbänken auf, parallel zur Küste und wenige Meter über dem Hochwasser zunächst, doch formte der Wind daraus ansehnliche Dünen. Dabei dienten auch die eiszeitlichen Geestkerne einiger Inseln als Ansatzpunkte für Strandwälle, so auf Texel in Holland, aber auch auf Borkum, Föhr, Amrum und Sylt. Die Geestkerne bestehen aus alten, vorwiegend sandigen Ablagerungen der Eiszeit, als der Meeresspiegel deutlich tiefer lag. Sie sind also auf dem Land entstanden. Die Geestinseln sind deshalb sehr wichtig für Lebensräume, die auf dem Festland selten geworden sind wie Niedermoore, Küstenheide und Trockenrasen. Die Kette der West- und Ostfriesischen

Das Wattenmeer ist ein vielgestaltiges Mosaik aus verschiedenen Flächen (links), hier durchzogen von sogenannten Drainageprielen, die auf dem Watt beginnen. Priele werden vom ablaufenden Wasser geformt (Ebbpriele) und können stark mäandrieren (rechts).

Bernstein, das Gold des Meeres, ist vor 35 bis 50 Millionen Jahren, also im Alt-Tertiär, im südlichen Skandinavien aus dem Stamm des Bernsteinbaumes geflossen, einer ausgestorbenen Zedernart suptropischer Wälder. Die Ablagerungen wurden durch eiszeitliche Gletscher abgetragen und weit verfrachtet. Einschlüsse, sogenannte Inklusen, wie die Blüte (rechts) und die Spinne sind perfekte Fossilien und vermitteln einen genauen Einblick in die Kleintier- und Pflanzenwelt.

Düneninseln sind quasi der Kamm einer bis zu 30 Meter mächtigen Sedimentschicht, die langsam aus dem Meer aufsteigt und in Richtung Küste und Hinterland wieder flacher wird. Hinter den Strandwällen entstanden zunächst wieder Moore, vermutlich weil das Klima feuchter wurde, oder auch durch den Rückstau des Süßwassers. Der Meeresspiegel stieg langsam an, bis das Hochwasser sich Bahn brach, die Moorlandschaft überspülte und zuschwemmte: Das Wattenmeer war geboren. Anfangs war die Schlicklandschaft viel breiter als heute, sie umfaßte den gesamten Marschengürtel, wie er heute besteht.

Die Übergangszone zwischen Watt und Geest ist die Marsch, gekennzeichnet durch eine geschlossene Pflanzendecke. Marschboden ist nicht einheitlich geschichtet. Je nach lokaler Erdgeschichte wechseln fossile Wattschichten mit Torf, Süß- und Backwassersedimenten. In Zeiten landwärts gerichteter Vorstöße des Meeres wurden Moore zugeschlickt, zog es sich zurück, süßten die Teile der Marsch aus, und auf großen Flächen wuchsen wieder Moore heran, die,

gespeist von Regenwasser, über den Grundwasserspiegel hinauswuchsen. Bei hohen Sturmfluten löste sich der Torfkörper vom Untergrund und begann zu schwimmen. Dieses Phänomen der „schwimmenden Moore“ hat es an vielen Stellen der Küste gegeben. Heute ist Sehestedt am Jadebusen der einzige Ort, wo noch ein kleines Hochmoor vor dem Deich erhalten ist.
Von der einst ausgedehnten Marschlandschaft blieben in Schleswig-Holstein lediglich die Insel Pellworm und die Halbinsel Nordstrand erhalten. Die Halligen sind keineswegs Reste dieser alten Marschlandschaft, sondern neu entstanden. Reste der mittelalterlichen Marschflächen wurden vom Meer aufgearbeitet und danach teilweise neu abgelagert. Ihr Alter kann nicht mehr genau festgestellt werden. Das Meer überspült sie gelegentlich und hinterläßt eine neue Schicht Schlick - Salzwiesen entstehen, von der Natur angelegt.
Bei höheren Wasserständen werden sie auch heute noch vom Meer überflutet, bis zu 40 Mal im Jahr.

Das zwei Kilometer lange Morsum-Kliff auf Sylt (unten) zeugt von der bewegten Erdgeschichte des Nordseeraumes. Der Limonit oder Brauneisenstein (rechts) ist 4 bis 5 Millionen Jahre, die ältesten Schichten im Morsum-Kliff sind 6 bis 10 Millionen Jahre alt.

Das schwimmende Moor von Sebestedt liegt außendeichs am Südostrand des Jadebusens und ist einmalig in Europa. Bei Sturmfluten löst sich der Torf vom Untergrund, und das Moor beginnt zu schwimmen.

Allein auf Sylt zeugen mehr als 360 Grabhügel von der frühen Besiedlung der Insel in der Jungstein-, Bronze- und Eisenzeit. Der Tipkenhoog (Hahnenhügel) bei Keitum stammt aus der jüngeren Steinzeit, 2.500 Jahre vor unserer Zeitrechnung.

In den letzten 2.000 Jahren veränderte der Mensch die Entwicklung des Wattenmeeres. Um Christi Geburt nahmen die Friesen die Marsch in Besitz. Der Meeresspiegel stieg weiter an, man baute Wohnhügel, die sogenannten Warften oder Wurten, um sich zu schützen. Um das Jahr 1.000 nach der Zeitwende zogen die Siedler einzelne Dämmen zwischen den Warften, so entstanden die ersten Deiche. Das Land hinter den Deichen konnte bearbeitet werden. Es wurde entwässert, um Getreide anbauen zu können. Dabei wurde der Torfschicht Wasser entzogen. Sie trocknete aus und sackte in sich zusammen; die Landoberfläche hinter den Deichen senkte sich kräftig.

Die Marschbewohner begannen, Torf zu trocknen und zu verbrennen, um Salz zu gewinnen, ein begehrtes Konservierungsmittel im Mittelalter. Was man nicht bedachte: Durch den Abbau von Salztorf wurde die Landoberfläche noch einmal mehrere Meter tiefer gelegt. Ohne es zu wissen, gruben sich die Siedler ihr eigenes Grab. Nach einigen kleineren Fluten im 12. Jahrhundert brach 1362 die große Marcellus-Flut über das Land, und Tausende von Menschen ertranken. In Niedersachsen drang das Wasser weit ins Hinterland ein,

Die vier Hektar große Hallig Habel (oben) ist durch Buhnen vor Abtrag gesichert. Mit Grüppen, künstlichen Abflußgräben (rechts oben), wurde früher das Vorland bei Westerhever entwässert, während Lahnungen bei der Landgewinnung dafür sorgen sollen, daß sich das Wasser in den rechtwinkligen Feldern beruhigt (rechts unten).

Leybucht und Jadebusen wurden erweitert, der Dollart entstand. Als erste große „Manndränke" ging diese Flut in die Geschichte ein. Ein halbes Dutzend schwerer Sturmfluten traf die Küsten in den nächsten drei Jahrhunderten, ganze Dörfer verschwanden, Dollart und Jadebusen wurden erweitert. Am schlimmsten war die Buchardi-Flut am 11. Oktober 1634: 6.200 Menschen ertranken, dazu 50.000 Stück Vieh; 1.300 Häuser und 30 Mühlen wurden zerstört. Vom Marschland blieb nur ein Bruchteil übrig: Pellworm und Nordstrand, dazu Nordstrandischmoor und die Hamburger Hallig. Als zweite große „Manndränke" ging auch diese Schreckensnacht in die Geschichte ein. Erst im 19. Jahrhundert überwog der Zugewinn an Land die Verluste. Das Wattenmeer ist eine noch junge Naturlandschaft mit wechselvoller Geschichte, geprägt von Katastrophen und Heimsuchungen, doch einmalig auf der Welt. Ein Bündel von Faktoren kommt zusammen, die in ihrem Zusammenspiel die Gezeitenlandschaft entstehen ließen und auch heute noch erhalten:

- ✧ Es muß genügend Sediment herangeführt werden, damit Watt aufgeschichtet wird, aber auch Inseln und Dünen entstehen können.
- ✧ Der Gezeitenhub muß größer als 1,5 Meter sein, damit Strömungen kräftig genug sind, Material heranzuschaffen. Allerdings dürfen die Ströme nicht zu stark sein, da sonst Wattsedimente wieder abgetragen werden.
- ✧ Der Meeresboden muß flach abfallen, Steilküsten eignen sich nicht.
- ✧ Ebenso sollte das Hinterland flach sein, also wenig Gefälle haben. Nur dann führen die Flüsse feines Material herbei, das sich im Watt absetzen kann.
- ✧ Es müssen also große Flüsse ins Watt münden, die genügend Feinmaterial mit sich führen.
- ✧ Die Küste muß sich allmählich absenken, damit immer neue Schichten aufgetragen werden können.
- ✧ Nur ein gemäßigtes Klima ermöglicht den watteigenen Pflanzen und Tieren sich anzusiedeln. In den Tropen würden Mangrovenwälder wachsen.

Von Würmern, Muscheln und Schnecken

Unzählige kleine Schlickklumpen, Trichter mit Wasser gefüllt, dazwischen kleine Löcher, umgeben von sternförmigen Linien, Kratzspuren und Sandkringel, zu Haufen getürmt - Spuren der Wattbewohner, die im Watt bauen und wühlen, kriechen und fressen. Die meisten leben im Wattboden, um sich zu schützen, denn wer im Watt überleben will, wird stark gefordert. Mal brackig, mal salzig, erst kalt, dann warm, trocken und wieder naß - das Wattenmeer ist ein Extremlebensraum. Würmer und Schnecken, Muscheln und Krebse - sie sind aus dem Meer gekommen und haben sich an den schwankenden Salzgehalt angepaßt. Einige können Milieuwechsel ertragen wie Seestern, Sandpierwurm und Miesmuschel: Sie passen sich dem Salzgehalt des umgebenden Wassers an. Wird es brackig, lassen sie es geschehen, daß osmotisch Wasser in die Gewebe eindringt. Andere wiederum haben gelernt, Gegenmaßnahmen zu ergreifen, wie Borstenwürmer und Krebse: Sie können den Salzgehalt in ihren Zellen steuern durch aktive Osmoregulation. Strandkrabben etwa nehmen Salz über die Kiemen auf. In Brackwasser erzeugen sie schwach salzhaltigen Urin, um es wieder

loszuwerden, im Extrem bis zu 30 Prozent ihres Körpergewichts pro Tag. Eigenschaften zu entwickeln, die es ermöglichen, in extremen Umwelten zu überleben, dauert lange, womöglich Millionen von Jahren. Und es gelingt nicht jeder Art, sich optimal anzupassen. Lebensfeindliche Ökosysteme wie das Wattenmeer sind daher arm an Arten. Der Vorteil für alle, die hier leben: Es gibt Nahrung satt. Ständig führt das Meer Nährstoffe heran, Überreste toter Tiere und Pflanzen sowie Myriaden kleiner Planktonorganismen: Tiere und einzellige Pflanzen von weniger als ein Hundertstel bis ein Millimeter Größe. Eine Vielzahl von Bodentieren im Watt schwebt zunächst als Larve durch das Wasser - so viele Würmer und Schalentiere, aber auch junge Quallen: Sie leben als geschlechtsreife Tiere im Plankton, während die ungeschlechtliche Generation der Polypen am Untergrund haftet. Diese schnüren winzige Schwimmlarven ab, die Tentakel tragen und zu großen Quallen heranwachsen. Larven werden durch Gezeiten und Meeresströme über große Bereiche verbreitet, ein Vorteil für viele Bodentiere. Doch die Verluste sind enorm, eine Vielzahl der

Die räuberische Melonenqualle (links), eine Rippenqualle, lebt wie die Blaue Nesselqualle (Mitte) im Plankton. Will die Miesmuschel sich verankern, schiebt sie ihren muskulösen Fuß zwischen den Schalenklappen hervor und heftet den Fadenanfang auf festen Grund (oben).

Im Streiflicht der Abendsonne treten die Kriechspuren von Wattschnecken (oben) besonders hervor. Ältere Wattringelwürmer (rechts) hinterlassen auf dem Wattboden „hirschgeweihartig" verzweigte Freß-Kriechspuren, die arttypisch sind.

Larven wird aufgefressen. Zum Ausgleich werden Unmengen produziert. In der Planktongemeinschaft gibt es viele Nahrungsbeziehungen. Ruderfußkrebse zum Beispiel treten im März besonders häufig auf. Zu dieser Zeit wachsen einzellige Algen heran, das Futter der Ruderfußkrebse. Später im Jahr erscheinen Quallen in großen Mengen, denn sie fressen wiederum Ruderfußkrebse, dazu Wurm-, Fisch- und Seepockenlarven. Die Larven vieler Bodentiere und Fische erscheinen von Mai bis Oktober. In dieser Zeit legen Herz-, Mies- und Sandklaffmuschel ordentlich an Gewicht zu. Für sie ist das Plankton die Hauptnahrung. Bis zu 100.000 Larven kann eine einzige Miesmuschel an einem Tag aus dem Wasser filtern.

Wer im Watt lebt, muß sich entscheiden: entweder auf oder im Watt zu leben. Einige Tiere bleiben ihr ganzes Leben verborgen wie Sandpierwurm und Sandklaffmuschel. Strand- und Wattschnecke, Miesmuschel und Seepocke dagegen besiedeln die Wattoberfläche. Die Wattschnecke kann sich zusätzlich im Watt vergraben, wenn es ihr zu trocken oder zu warm wird. Alle sind ausgesprochen ortstreu, wenn ihnen die Bedingungen zusagen. Dann graben sie sich ein oder heften sich mit Fäden fest wie die Miesmuschel.

Der Schlickkrebs, knapp einen Zentimeter lang, gräbt eine vier bis acht Zentimeter tiefe U-förmige Röhre ins Watt. Bei Ebbe ist das sein Zuhause. Wird es zu trocken, verschließt er den Bau mit einem Pfropfen aus Sand. Solange das Watt feucht ist, kratzen Schlickkrebse mit ihren langen Fühlern über den Wattboden zur Röhre und sortieren: Kieselalgen und Kleinlebewesen wandern in den Magen, Unverdauliches wie Sandkörner lassen sie unter sich fallen. Bei Flut wird die Wohnröhre gesäubert, Kot und Sand wirbeln heraus. Schlickkrebse können auch ihren Bau verlassen und frei umherschwimmen, wenn sie sich einen Partner suchen wollen. Sie werden nicht älter als ein Jahr, dafür legen sie bis zu viermal Eier ab. Die Jungkrebse leben lange in der Wohnröhre des Weibchens. Sind sie groß genug und selbständig, graben sie sich Seitengänge. Auf diese Weise können Schlickkrebse Wattflächen schnell besiedeln. Bis zu 44.000 Schlickkrebse auf einem Quadratmeter Wattboden wurden schon gezählt. Die kleinen Krebse sind begehrt bei Fischen und Vögeln, auch von Würmern werden sie gefressen wie zum Beispiel vom Wattringelwurm, einem „Räuber" mit kräftigen Kiefern. Mit einer Länge von etwa zwanzig Zentimetern fällt es ihm leicht, die kleinen Krebse zu überwältigen; Pflanzen und Mikroorganismen sind eine willkommene Zugabe. Der Körper des Wattringelwurms ist in Segmente untergliedert. Jedes trägt ein Paar kleine Stummelfüßchen mit Borsten. Die Farbe variiert von hell- zu dunkelgrün, bräunlich, gelblich oder auch rot. Der Wattringelwurm legt im Wattboden ein verzweigtes Gangsystem an, bis zu 40 Zentimeter tief und die Wände verfestigt mit Schleim. An der Oberfläche mündet das System gleich mit mehreren Ausgängen.

Solange das Watt feucht ist, suchen Schlickkrebse nach Nahrung. Trocknet die Wattoberfläche ab, verschließen sie ihre Wohnröhre mit einem Propfen aus Sand.

Mit dem Kopf voran versucht der Sandpierwurm sich einzugraben. Seine charakteristischen Spuren, aufgetürmte Kotschnüre und kreisrunde Trichter, prägen das Landschaftsbild des Pierwurmwatts bei Westerhever.

Wattringelwürmer fressen eigentlich so gut wie alles, auch Wattboden mitsamt den darin enthaltenen Tieren und Algen. Eine andere Methode: Der Wurm spannt ein feines Netz aus Sekretfäden im Eingang seines Ganges, erzeugt durch Schlängeln einen Wasserstrom, der ihm Partikel und Kleinstorganismen ins Netz spült. Anschließend wird das Netz samt Beute verschlungen. Größere Beutestücke packt er mit den Kiefern und zieht sie in die Röhre.

Im Gegensatz zum Wattringelwurm ist sein Verwandter, der Sandpierwurm,auch Köder- oder einfach Wattwurm genannt, ein reiner Sandfresser, sitzt tief eingegraben im Watt und hat nichts Besseres zu tun, als von Zeit zu Zeit eine Kotschlinge an die Außenwelt abzugeben. Diese Sandwürstchen, zu charakteristischen Häufchen aufgetürmt, bedecken fast alle Wattflächen. Mit dem Kopf voran steckt der Wurm am Ende seiner L-förmigen Röhre: Wenn er frißt, sackt der Sand langsam nach, wodurch an der Wattoberfläche ein Trichter neben dem

Die Röhren des Bäumchenröhrenwurms bilden mitunter dichte Rasen an der Niedrigwasserlinie. Unter Wasser versucht der Borstenwurm mit Hilfe seiner dünnen Tentakeln vorbeiströmende Schwebepartikel und Kleinsttiere abzufangen. Die filigrane Röhre mit der Fransenkrone klebt der Wurm aus Sandkörnern und Muschelbruchstücken aus der Umgebung zusammen.

Kothaufen entsteht. Wer mit Muße durchs „Pierwurmwatt" schlendert, kann ihn nicht verpassen - den Augenblick, in dem der Wurm einen Sandkringel aufs Watt drückt. Alles wird im Pierwurmmagen verdaut, bis auf den Sand; den muß er loswerden. Ist der Wurm prall gefüllt, steigt er den senkrechten Schenkel seines Baues, den Kotgang, empor und quetscht den Sand heraus, ein Moment, auf den Schollen lauern. Im Nu packen sie den Wurm am Schwanz und beißen zu - für den Sandpierwurm keine Katastrophe. Er ist wohlgerüstet für derartige Übergriffe, verfügt er doch über einen Vorrat von 80 Segmenten im Schwanz, von denen nur die letzten in die Länge gewachsen sind. Lebenswichtige Organe enthält der Schwanz nicht, so daß die Scholle den leeren Schlauch getrost abkneifen kann, ohne dem Wurm zu schaden. Einmal amputiert, wachsen die nächsten Segmente sehr schnell nach. Rund 30 mal am Tag läuft der Wurm Gefahr geschnappt zu werden, denn so oft drückt er Kotschlingen aufs Watt. Der Überlebenstrick des Sandpierwumes ist sehr wichtig, nicht nur für

Ein Herbststurm hat diese kaum einen Zentimeter großen Herzmuscheln freigelegt. Doch Herzmuscheln sind in der Lage, sich in wenigen Minuten wieder einzugraben.

den Wurm. Man hat ausgerechnet, daß „Pierwurmschwanz" die Hälfte der Nahrung von Jungschollen ausmacht, die im Frühjahr das Watt zu Milliarden überschwemmen. Zurück im Freßgang pumpt der Pierwurm mit seinem Schwanz frisches Wasser von hinten nach vorn, wo es an seinen Kiemenbüscheln vorbeiströmt und Sauerstoff ans Blut abgibt.

Im Mischwatt ist der Wattboden in wenigen Zentimetern Tiefe frei von Sauerstoff und schwarz, die Farbe von Eisensulfid. Um hier überleben zu können, muß der Sandpierwurm Atemwasser herabpumpen. Ganz nebenbei belüftet er dadurch tiefere Wattschichten. Viele mikroskopisch kleine Tiere profitieren davon: Kiefern-, Strudel- und Fadenwürmer. Wenn es sein muß, kann der Pierwurm eine Woche lang ohne Sauerstoff auskommen. Einige Borstenwurmarten haben den Röhrenbau zur Perfektion gebracht. Der Pygospiowurm verklebt die Wände seiner Röhren derart fest, daß sie, einmal freigespült, wie kleine Borsten aus dem Wattboden ragen und eine Art Rasen bilden. Filigranen Kunstwerken gleichen die Wohnröhren des Bäumchenröhrenwurms. Sandkorn für Sandkorn kittet er fein säuberlich aneinander, bis ein kleines Sandbäumchen entsteht, das dem Wurm den Namen eingetragen hat. Mit Hilfe der Fransenkrone filtert der Wurm Plankton aus dem Wasser. Mit dem Kopf tief im Schlick sitzt der Kotpillenwurm,

wegen seiner Dehnbarkeit auch Gummibandwurm genannt. Er legt sich im Wattboden ein reich verzweigtes System aus Freßgängen an, die er mit einer Art Schleimtapete auskleidet. Sein Hinterende reicht bis dicht unter die Oberfläche und versorgt den Wurm mit Sauerstoff. Auch der Kotpillenwurm ist ein Überlebenskünstler, denn immerhin muß er mit dem giftigen Schwefelwasserstoff tief im Wattboden fertig werden. Der Wurm besitzt Hämoglobin als Blutfarbstoff, und er ist womöglich in der Lage, das Atemgift umzuwandeln und unschädlich zu machen. Im Gegensatz zu den sandfressenden Borstenwürmern sind Herz-, Sandklaff- und Miesmuscheln Filtrierer oder Strudler. Sie filtern Wasser mit Hilfe der Kiemen und halten dabei Nahrungspartikel zurück. Strudler müssen ausreichend lange von Wasser umspült werden, das ständig frische Nahrung herbeiführt. In einem Gezeitenmeer wie dem Watt sind diese Bedingungen gut erfüllt, bis auf die höheren Wattbereiche: Dort ist die Zeit zu kurz, um Nahrung aufzunehmen. Am besten wachsen Herzmuscheln in flachen Wattströmen heran. Dort sitzen sie dicht an dicht, wenige Zentimeter unter der Wattoberfläche. Die geriffelten Schalenklappen sind fest miteinander verzahnt. Derart gut verpackt, kann die Muschel auch überleben, wenn sie einmal freigespült wird. Sie läßt sich dann über das Watt rollen, die Klappen leicht geöffnet, um sich bei nächster Gelegenheit wieder einzugraben. Dabei schiebt das Tier seinen kräftigen Fuß hervor. Hat er im Boden Halt gefunden, zieht er sich zusammen und den Körper hinterher. Unter Wasser können Herzmuscheln sogar springen. Sie knicken den Fuß ein, strecken ihn plötzlich und schnellen fort, bis zu einem halben Meter! Mit diesem Trick können sie schnell geeignetere Böden besiedeln. Ist der Boden mit Wasser bedeckt, fahren die Herzmuscheln ihre Versorgungsschläuche aus, die Siphos, zwei fleischige Röhren. Die Siphos sind auffallend kurz; deshalb siedeln Herzmuscheln dicht unter der Wattoberfläche. Durch den Einströmsipho strudelt die Muschel Wasser herein, dem sie Sauerstoff und

Sind sie älter als drei Jahre, müssen Herzmuscheln keine Feinde mehr fürchten. Manche bleiben sogar auf dem Wattboden liegen. Hilflos sind alle Muscheln im Watt der Gewalt von Eisschollen ausgesetzt, die sie einfach abhobeln. Doch eine hohe Vermehrungsrate und lange Lebensdauer sichern den Bestand.

An manchen Stellen im Watt werden die Schalen der Wattschnecken in derartigen Mengen zusammengespült (links), daß man sie abschaufeln kann. Noch in den zwanziger Jahren wurde der Hydrobienschill, volkstümlich Grütze genannt, als Düngemittel gewonnen. Ist das Watt noch leicht mit Wasser bedeckt, sind Wattschnecken aktiv und grasen den Kieselalgenrasen ab (rechts oben), ebenso wie die Strandschnecke. Sie hinterläßt in ihrem Schleimband sexuelle Lockstoffe, um laichreife Artgenossen auf ihre Fährte zu locken.

Nahrung entnimmt. Das verbrauchte Wasser preßt sie durch den Ausströmsipho. Auch die Eier gelangen so ins Wasser, 5 bis 50 Tausend werden von den Weibchen im Mai ausgestoßen und im Wasser befruchtet. Nach fünf Wochen läßt sich die Larve auf den Boden nieder und ändert ihre Gestalt. Bis zu 100.000 Jungmuscheln können auf einem Quadratmeter Wattboden siedeln. Dreiviertel davon wandern allerdings im ersten Jahr in die Mägen ihrer Feinde, maximal Tausend erleben den Sommer im nächsten Jahr, und nur wenige Hundert erreichen ein Alter von zwei bis drei Jahren. Junge Herzmuscheln stehen auf dem Speisezettel vieler Räuber: Junge Strandkrabben, Wattringelwürmer, Nordseegarnelen und kleine Schollen - sie alle stürzen sich auf die Muschelbrut: ein dauernder Aderlaß. Zwei bis drei Jahre alte Herzmuscheln haben unter Wasser keine Feinde mehr, sie müssen Vögel fürchten, allen voran Austernfischer, aber auch Silbermöwen und Eiderenten, die ihnen bei Ebbe nachstellen. Erst im vierten Lebensjahr wachsen Herzmuscheln aus

dem Beutespektrum ihrer Feinde heraus. Wattschnecken müssen immer um ihr Leben bangen. Bei einer Länge von fünf Millimetern werden sie mitsamt Schale gefressen, von Vögeln, Fischen und Krebsen. Wenn das Watt abtrocknet, ziehen sich die Schnecken zwar in kleine Watthöhlen zurück, doch gegen ihre Freßfeinde hilft das wenig. Trotz des Feinddrucks gelingt es Wattschnecken, das Watt in kaum vorstellbaren Mengen zu besiedeln. Bis zu 300.000 Tiere auf einem Quadratmeter wurden schon gezählt. Dabei haben Wattschnecken vergleichsweise wenig Nachkommen. Rund 300 Eier im Jahr legt ein Weibchen ab. Das Geheimnis des Erfolgs: Wattschnecken kümmern sich um ihren Nachwuchs, packen die Eier in eine Gallerthülle, die sie auf feste Unterlagen heften - meist ist das die Schale eines Artgenossen, weil sie dicht an dicht siedeln. Der Vorteil: Der Nachwuchs verdriftet nicht irgendwohin, und die Verluste bleiben gering. Wattschnecken lieben es, im wäßrigen Schlick herumzukriechen und dabei winzige Algen und Bakterien mit ihrer Raspelzunge abzugrasen. Dabei hinterlassen

sie ein Schleimband, das Partikel an der Wattoberfläche verklebt und Schwebeteilchen bindet. Unmengen an Wattschnecken erzeugen so ein dichtes Netz derartiger Bänder. So wird der Schlick gebunden und die Wattoberfläche nicht so leicht abgetragen. Andere Nahrungsgründe erreicht die Wattschnecke, indem sie fließendes Wasser als Vehikel benutzt. Dafür zieht sich das Tier ganz in sein Gehäuse zurück; eine Luftblase in der Gehäusemündung verleiht der Schnecke genügend Auftrieb und hebt sie ab. Mit der Öffnung nach oben hängt das Wattschneckenhaus bald darauf an der Wasseroberfläche, gehalten von der Oberflächenspannung, und wird mit dem Wasser verdriftet. Doch die Wattschnecke kann auch anders: Sie sucht kleine Wattpfützen auf, heftet sich mit einem Schleimband an die Wasseroberfläche und läßt sich vom auflaufenden Wasser treiben. Und was sich im Schleim verfängt, wird gefressen.
Eingraben und Fressen, Verdriften und wieder Absinken - alles wiederholt sich und unterliegt dem Rhythmus der Gezeiten. So ist sichergestellt, daß Wattschnecken ihr Revier nicht verlassen. Wo Wattschnecken grasen, hinterlassen sie winzige Kotpillen, auf denen in wenigen Tagen eine Unzahl von Bakterien heranwächst. Diese Mikroorganismen können Stickstoff aus der Luft und aus dem Meerwasser binden, den sie brauchen, um körpereigene Eiweiße aufzubauen. Wattschnecken wissen die Bakterien zu nutzen: Sie fressen ihren eigenen Kot mitsamt der anhaftenden Mikroben. Diese werden verdaut, und mit demselben Kot wird ein neuer Köder ausgelegt.
Rund 30 Zentimeter tief im Watt sitzt die Sandklaffmuschel und ist so vor

Feinden geschützt. Mit einer Länge von 15 Zentimetern ist der Halbpfünder die größte Muschel im Watt. Mit der Außenwelt ist sie durch einen daumendicken Gang verbunden, durch den sie ihren dehnungsfähigen Atemschlauch emporschiebt. Ein- und Ausströmöffnung sind bei der Sandklaffmuschel miteinander verwachsen und außen von einer derben Haut umgeben. Jüngere Sandklaffmuscheln können sich mit ihrem Grabfuß recht gut auf und ab bewegen, ältere dagegen kaum, weil der Bodendruck zu groß ist. Ablagerungen auf dem Wattboden gleicht die ausgewachsene Sandklaffmuschel in gewissem Umfang mit ihrem Sipho aus, indem sie ihn ausstreckt, bis zu 50 Zentimetern lang. Wird der Wattboden allerdings tief abgetragen, ist die Sandklaffmuschel verloren. Vor allem an Prielrändern kommt es immer wieder vor, daß ganze Muschelfelder freigespült werden. Die Klaffmuschelschalen stecken aufrecht, aber leer im Boden, die Weichteile sind längst zersetzt: Muschelfriedhöfe, stummberedte Zeugen der Kräfte, die im Watt wirken.

Ganz anders als die filtrierende Sandklaffmuschel ernährt sich die Pfeffermuschel. Sie ist ein sogenannter Pipettierer. Tief im Watt eingegraben, kann sie ihren beweglichen Einströmsipho bis zu 25 Zentimeter lang ausfahren, auf dem Wattboden entlangschieben, sogar wie eine Peitsche bewegen und alles

Mit Hilfe ihres Fußes versucht die Pfeffermuschel sich im Sand zu verankern. Die Muschel bringt sich zuvor in Stellung. Den Fußmuskel zusammenziehen und die Schalen auf- und zuklappen - mit dieser Technik ist es der Pfeffermuschel möglich, auch tief im Wattboden umherzuwandern. Mit ihrem bis zu 25 Zentimeter langen Einströmsipho saugt die Pfeffermuschel auf dem Wattboden nach abgesunkenen Stoffen und Mikroben.

Bis zu 2.000 Miesmuscheln können in mehreren Schichten auf einem Quadratmeter Wattboden leben.

einsaugen, was sie aufwirbelt. An der Grenzfläche zwischen Boden und Wasser entsteht ein reichhaltiger Nahrungsbrei, den aufzusaugen sich lohnt. So effektiv die Pfeffermuschelmethode auch ist, birgt sie doch Gefahren in sich. Der ausgefahrene Sipho ist ein attraktiver Fleischhappen für Räuber. Gerade wenn Jungschollen im Sommer das Watt überschwemmen, ist das Risiko erheblich. Die einzige Muschel, der es gelingt, fortwährend auf dem Watt zu leben, ist die Miesmuschel. Wie sie aussieht, weiß jeder: bis zu 7 Zentimetern lang, außen blauschwarz, innen blauweiß, gefärbt mit Perlmuttglanz. Um nicht von der Strömung fortgerissen zu werden, vernetzen sich Miesmuscheln untereinander mit sogenannten Byssusfäden, fädigen Eiweißsträngen, die in einer Drüse im Fuß, dem Byssusorgan, gebildet werden. Bis zu 2.000 Muscheln können in mehreren Schichten auf einem Quadratmeter leben. Das Tier kann mit Hilfe spezieller Muskeln eine Art Klimmzug an den Fäden machen, wodurch es sich fortbewegt. Dieser Trick sichert der Miesmuschel das Überleben. Andernfalls wäre sie bald unterm Schlick begraben. Die Gezeiten schaffen Sand und Schlick

heran, die sich zwischen den Muscheln verfangen und ablagern, aber auch die Muscheln selbst scheiden genug „Abfall“aus: unverdauliche Schwebstoffe, die sich unter der Miesmuschelbank ablagern. Auf diese Weise entsteht nach und nach eine Schlickbank, die in einem Jahr bis zu 30 Zentimetern in die Höhe wachsen kann. Wer da nicht untergehen will, muß mobil sein. Tatsächlich sind Miesmuscheln ständig darum bemüht, an die Oberfläche zu drängen. Byssusfäden werden zerrissen, neue angeheftet, zu Tausenden ziehen und drücken sie - Vorgänge, die sich im Zeitlupentempo abspielen. Doch wer sich nicht behaupten kann, versinkt allmählich im Schlick und stirbt. Miesmuschelbänke kommen im untergetauchten Bereich, dem Sublitoral, vor und im trockenfallenden Bereich, dem Eulitoral, häufiger in Prielnähe. Der Vorteil ist: Sie fallen nicht so lange trocken, denn auf dem nackten Wattboden sind sie Sonne, Frost und Regenwasser ausgesetzt. Bei Niedrigwasser schließt die Miesmuschel ihre Schalenklappen und fällt in eine Art „Ebbeschlaf“. Sie senkt die Zahl der Herzschläge von 60 auf 6 und wartet auf Flut. Eine Miesmuschelbank bietet vielen

Miesmuscheln haben keine Siphos. Um zu filtrieren, öffnen sie ihre Schalenklappen. Die Vernetzung mit Byssusfäden schützt die Miesmuschel vor dem Verdriften (rechts), verhindert das Einsinken und gibt dem Einzeltier Halt.

Tieren Nischen zum Unterschlüpfen, genug zu fressen und harten Untergrund, um sich anzuheften. Das nutzen verschiedene Seepocken, Hydroidpolypen und Seenelken zum Beispiel. Im Schlamm der Miesmuschelbank können sich Bodentiere ansiedeln. 96 Tierarten wurden in Miesmuschelbänken ermittelt. Auf den Schalenklappen siedelt sich Blasentang an, der anderen Tierarten Lebensraum und Schutz vor dem Austrocknen bietet. Seesterne kommen bei Flut aus dem nahen Priel gekrochen und leben hier wie die Maden im Speck. Sie können selbst ausgewachsene Miesmuscheln aufstemmen. Ganz gleich, wo Miesmuscheln wachsen, vor Seepocken sind sie nirgendwo sicher. Innerhalb weniger Tage können sie eine ganze Kolonie erobern. Die Muscheln wirken dann wie ergraut, weil sie von den winzigen Tieren dicht an dicht besetzt werden. Diesen Vorgang nennt man Brutfall: Innerhalb kurzer Zeit geben die Seepockenlarven die schwebende Lebensweise auf und werden seßhaft. Ob Miesmuschel oder Strandkrabbe, Holzpfahl oder Stein - alles ist dann überzogen

von kleinen Kalkkegeln, die aus sechs Kalkplatten und einem mehrteiligen Deckel zusammengesetzt sind. Darunter verbergen die Seepocken ihren Körper. Das eigentliche Außenskelett der Seepocke, wie bei allen Krebsen, ist lediglich eine dünne Haut, die dennoch regelmäßig gehäutet werden muß. Denn Seepocken gehören zu den Rankenfußkrebsen. Bei Flut öffnet das Tier sein Gehäuse, streckt die Rankenfüße heraus und beginnt rhythmisch zu schlagen. Die Rankenfüße sind dicht mit Borsten besetzt und formen einen feinmaschigen Fächer, der selbst kleinste Planktonorganismen aus dem Wasser siebt und zum Mund befördert. Kiemen fehlen den Tieren, sie atmen über die dünne Innenwand ihres Mantels. Seepocken sind genügsam, schon wenige Stunden unter Wasser reichen ihnen zum Überleben. Deshalb kann man sie auch nahe am Ufer finden, in der sogenannten Spritzwasserzone. Für Miesmuscheln können Seepocken zum Problem werden. Sie nutzen jeden Quadratmillimeter Muschelschale und filtern den Vermietern auch noch die Nahrung weg. Und wenn sie größer

Der Fuß der Miesmuschel führt kreisende Suchbewegungen aus. Sobald er festen Halt hat, saugt er sich fest, und die Muschel zieht sich heran, wobei sie sich vom alten Byssusgespinst durch Ausstoßen löst.

Die Pazifische Auster (oben) wird vor Sylt für den Verkauf gezüchtet, kann sich aber auch auf Miesmuscheln ansiedeln. Deren Schalen nutzen auch Seepocken als Untergrund. Mit dem Penis versucht der Krebs sich mit dem zwittrigen Artgenossen zu paaren (links). Um den Fangfächer zu entrollen, preßt die Seepocke Blut in die Rankenfüße, das Einholen nach jedem Schlag besorgen Beinmuskeln (unten).

werden, konkurrieren sie nicht nur um die Nahrung, sondern auch um den Platz. Sie können nicht anders, denn sie vermehren sich durch innere Befruchtung, müssen also ihren Penis in den Mantelspalt des benachbarten Artgenossen einführen. Da ist es von Vorteil, sich dicht auf den Panzer zu rücken. Der Kalkpanzer der Seepocke schützt vor Austrocknen, Wellenschlag und Frost. In den Hohlräumen des Kalkpanzers kann Wasser gefrieren, ohne dem Krebs zu schaden. Der Seepockentrick: Sie scheiden Wasser aus, erhöhen die Salzkonzentration in den Körperzellen - und senken so den Gefrierpunkt. Gegen Eisschollen allerdings, die von den Gezeiten über das Watt geschoben werden, sind Seepocken machtlos. Sie werden vom Untergrund regelrecht abgeschliffen. Strandkrabben sind die größten Krebse im Watt. Sie fressen alles, was ihnen vor die Scheren kommt, selbst kleinere Artgenossen sind vor ihnen nicht sicher. Die Scheren der Männchen sind kräftiger als die der Weibchen. Durch die Form ihres Rückenpanzers sind Strandkrabben unverkennbar. Kopf und Brust liegen

Die Dickhörnige Seerose dringt über wasserführende Rinnen bis ins Watt vor (oben). Alle Blumentiere im Watt siedeln auf hartem Untergrund, zum Beispiel auf Miesmuscheln wie die Seenelke (nachfolgende Doppelseite).

Strandkrabben fressen alles, was ihnen vor die Scheren kommt: Ringelwürmer wie die Seemaus (unten), Weichtiere, Garnelen, Aas und kleine Fische wie den Seestichling.

zusammen unter dem Rückenpanzer. Der Hinterleib ist unter den Körper geklappt. Er ist mehr dreieckig bei den Männchen, rundlich geformt bei den Weibchen. Zusammen mit dem Bauchpanzer formt der Schwanz eine Art Brutraum. Darin verwahren sie ihre Eier; bis zu 200.000 können es sein, die von den Weibchen über den Winter gepflegt werden. Die Larven schlüpfen zwischen April und August, durchlaufen verschiedene Larvenstadien und gehen als wenige Millimeter breite Krabbe zum Bodenleben über. Im ersten Jahr häuten sie sich neun bis zehn Mal. Die abgestreiften Körperhüllen findet man im Sommer in Massen im Watt.

Ausgewachsene Strandkrabben sind bei Ebbe selten auf dem Watt zu finden. Sie halten sich unter Steinen oder Tang verborgen oder warten in wasserführenden Prielen auf die Flut. Strandkrabben atmen über Kiemen an den Kieferfüßen, können bei Trockenfall aber auch Luft atmen. Ein eingeschlossener Wasservorrat hält die Kiemen feucht. Sauerstoff dringt in den Wasserfilm und wird verbraucht.

Seepocken auf einer Strandkrabbe deuten auf einen Befall mit dem Krebs Sacculina hin. Der Parasit schwächt den Wirt. Häutung und damit Wachstum unterbleiben, und die Seepocken können heranwachsen.

Einen halben Tag lang vermag die Strandkrabbe auf diese Weise zu überleben. Erst mit auflaufendem Wasser krabbeln sie aufs freie Watt, um zu fressen. Weite, schnelle Schritte können sie nur zur Seite machen - Dwarslöper, Querläufer, heißen sie deshalb an der Küste. Das Gehäuse der Gemeinen Strandschnecke ist dickschalig und stumpf kegelförmig - ein Vorteil für das Leben in der Brandungszone. Ist es trocken, zieht sich die Strandschnecke in ihr Gehäuse zurück und verschließt es zusätzlich mit einem Deckel. Strandschnecken sitzen dicht gedrängt über der Flutgrenze an Pfosten, Mauern und Hafenanlagen. Legt das Watt sich bloß, kriechen sie aus Löchern und Spalten und gehen auf Wanderschaft. Strandschnecken sind Weidegänger. Sie kriechen auf einem Schleimband, das erleichtert das Vorwärtskommen. Außerdem enthält es sexuelle Lockstoffe, die laichreife Artgenossen anlocken sollen. Aktive Strandschnecken fressen immer: Sie schaben einzellige Kieselalgen und Algenfäden vom Watt. Selbst kleine Seepocken sind vor ihnen nicht sicher. Strandschnecken zerreiben

die Kalkplatten mit ihrer Reibzunge, der Radula, einem flexiblen Band, auf dem rund 500 Zahnreihen quer angeordnet sitzen. Für das Leben in der Brandungs- und Gischtzone sind die Tiere gut gerüstet. Mit ihrem breiten Fuß können sie sich festsaugen und zur Not ganz aus dem Wasser kriechen. Ihre Kieme ist verkleinert. An der Luft zu atmen, bereitet den Schnecken dennoch keine Probleme, denn die Schleimhaut ihrer Mantelhöhle ist intensiv durchblutet und fähig, Sauerstoff der Luft zu entnehmen. Ist es längere Zeit trocken, verschließt das Tier sein Gehäuse mit dem Deckel und kann so bis zu drei Wochen ausharren. Das stabile Gehäuse schützt die Schnecke weitgehend, doch werden jüngere Tiere von Watvögeln gefressen. Austernfischer, Silbermöwe und Eiderenten können selbst größere Strandschnecken erbeuten. Auch die Strandkrabbe kann die Schnecke geschickt aus dem Gehäuse puhlen.
Einige Meerestiere nutzen das auflaufende Wasser, um bequem aufs Watt zu kommen. Schaffen sie den Rückzug nicht rechtzeitig, graben sie sich ein oder

flüchten in ein Wasserloch. Da wimmelt es dann von kleineren Fischen, Strandkrabben spreizen ihre Scheren zur Abwehr, kleine, glasigdurchsichtige Krebse spritzen nach allen Seiten und buddeln sich geschwind in den Sand. Es sind Nordseegarnelen, die ihren langgestreckten Hinterleib ruckartig abklappen und wie ein „geölter Blitz" rückwärts schwimmen können. Urlauber kennen sie als Granat oder Speisekrabben. Doch gehören sie nicht zu den Krabben. Nordseegarnelen sind Allesfresser, sogar Schalenträger wie Schlickkrebse, kleine Schnecken und Jungmuscheln werden verspeist. Borstenwürmer sind für große Garnelen die wichtigste Beute, aber auch frischgehäutete Artgenossen, Grünalgen und Aas werden nicht verschmäht. Nordseegarnelen sind nachtaktiv, tagsüber graben sie sich meist ein, bis nur noch Augen und Antennen aus dem Sand ragen. Die Männchen paaren sich immer mit Weibchen, die sich gerade gehäutet haben. 8 bis 26.000 Eier, je nach Alter und Größe, pflegen die Weibchen drei bis zehn Wochen lang und entlassen dann die geschlüpften Larven ins Plankton. Kleine Garnelen nutzen die Röhren des Sandpierwums als Zufluchtsort. Gehäutet wird sich nachts, das ist sicherer. Garnelen werden von zahlreichen Fischen gefressen, auch Vögel und junge Seehunde stellen ihnen nach. Andererseits sind sie selbst als Beutegreifer wichtig, denn etwa ein Drittel der gesamten Biomasse aller Bodentiere im Watt wandert in Garnelenmägen. Sie sind Räuber und Beute zugleich und deshalb besonders wichtig im Nahrungsgefüge des Wattenmeeres. Seltener auf dem freien Watt zu finden ist der Einsiedlerkrebs. Er hält sich mehr in Prielen mit geringer Strömung auf. Zeit seines Lebens verbringt der Krebs in Schneckengehäusen, aus

Nordseegarnelen (links) werden von zahlreichen Fischen gefressen, Vögel und junge Seehunde stellen ihnen nach. Als Beutegreifer sind sie ebenfalls von Bedeutung. Etwa ein Drittel der gesamten Biomasse aller Bodentiere im Watt wandert in Garnelenmägen. Der Kleine Herzigel (rechts) kann sich unterirdisch durch den Sand fräsen, wobei er organische Partikel aus dem Boden siebt und schabt.

denen der Vorderkörper hervorguckt, mit langen Stielaugen, Antennen und den ungleichen Scheren. Die linke ist kleiner und dient zum Greifen, die rechte, zum Knacken von Beutetieren eingerichtet, ist entsprechend größer. Zieht sich das Tier bei Gefahr zurück, kann der Gehäuseeingang exakt mit den Scheren verschlossen werden. Tief im Gehäuse steckt der weichhäutige Hinterleib des Einsiedlerkrebses, seine empfindlichste Stelle. Wie das Schneckengehäuse ist er nach rechts gewunden. An der linken Seite trägt er einige Beine - die Rechten sind zurückgebildet- , mit denen der Krebs sich Atemwasser zufächelt. Einsiedlerkrebsen fehlen Kiemen, sie atmen über die dünne Haut ihres Hinterleibes. Das Schneckengehäuse schützt vor Feinden , dient aber auch als Kinderstube. Bis zum Schlüpfen der Larven bewahrt das Weibchen die Eier im Gehäuse auf. Oft ist das Haus des Einsiedlerkrebses überzogen von einer rauhen Kruste. Es sind Stachelpolypen, kaum ein bis zwei Millimeter große Hohltiere, die hier in einer dichten Kolonie siedeln und sich vom Einsiedlerkrebs durchs Watt tragen lassen. Der Vorteil ist: Auf dem

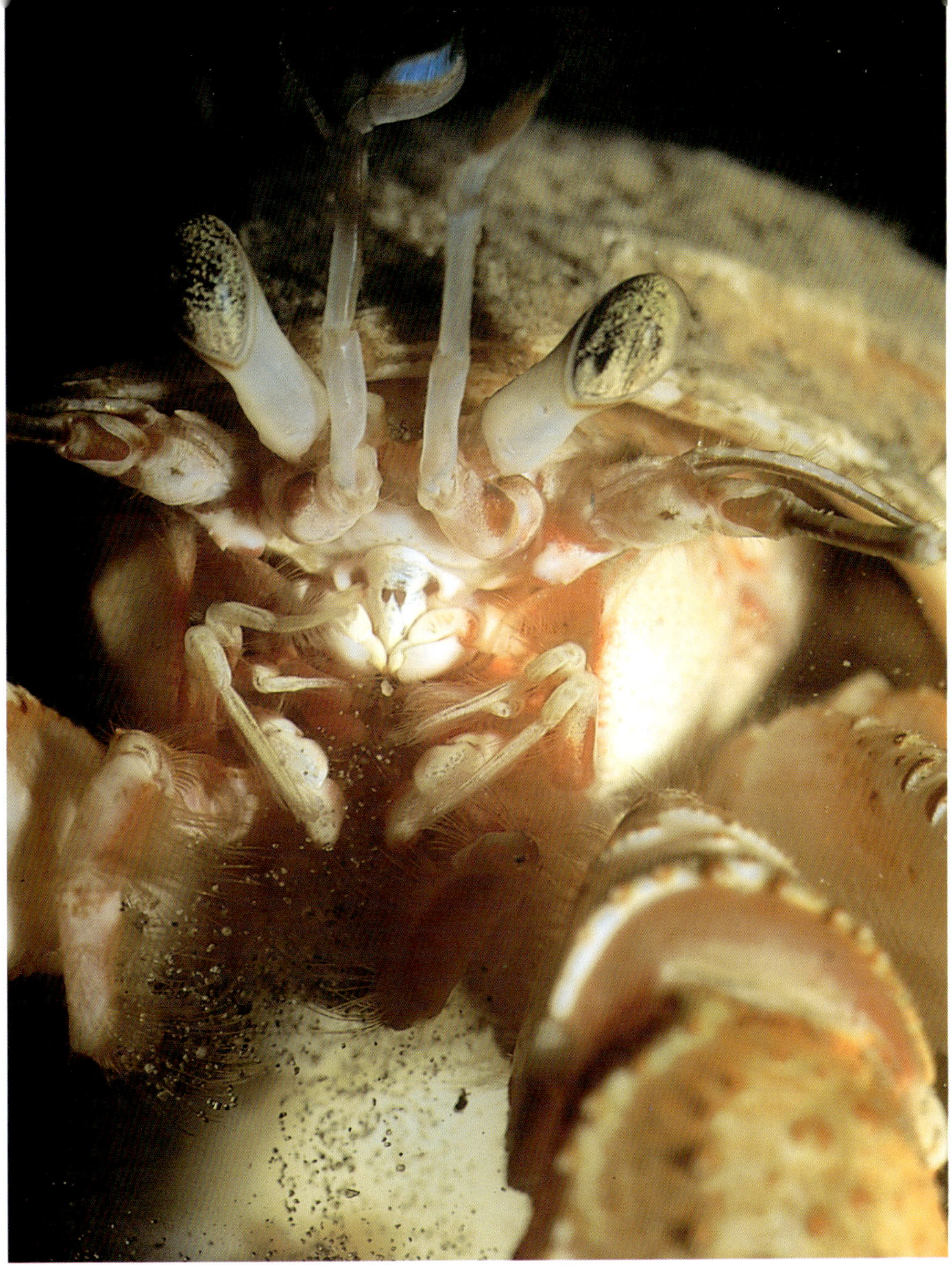

Der Einsiedlerkrebs schreitet über den Boden und zieht sein Gehäuse hinter sich her. Er sucht nach Kleintieren. Alles wird geprüft, ertastet, gemustert und dann mit den Scheren aufgenommen: kleine Würmer, Schnecken und Muscheln. Mit Stachelpolypen lebt der Einsiedlerkrebs in Symbiose. Die Polypen versehen die bewohnten Gehäuse mit einem dichten, krustenartigen Überzug.

Gehäuse können sie nicht versanden. Auch der Einsiedlerkrebs zieht seinen Nutzen aus den Untermietern. Die Stachelpolypen können an der Mündung des Gehäuses anbauen und sie etwas vergrößern. Dem Krebs bleibt eine Weile erspart, sich ein größeres Schneckengehäuse suchen zu müssen. Ein Umzug in ein neues Haus ist für den Einsiedlerkrebs ein kritischer Moment. Für kurze Zeit ist sein Hinterleib schutzlos seinen Feinden ausgeliefert. Ausgiebig betastet er das neue Eigenheim. Hat es die Prüfung bestanden, schlüpft er schnell hinein. Ganz junge Einsiedlerkrebse bewohnen die Kalkhäuser von Wattschnecken, wechseln später in Strandschneckengehäuse, bis sie in die Wohnbauten von Wellhornschnecken umsteigen müssen. Über 300 Tierarten leben im Watt, verteilt in einem Mosaik von Lebensräumen, im Sand, im Schlick oder am Rand eines Priels. Es ist kein einfaches Leben, aber es hat Vorteile, sich hier einzubuddeln, festzuhalten oder bei Flut einzuwandern. Evolutionsprozesse haben im Watt Beziehungen und Abhängigkeiten geschaffen, die das Überleben für alle sichern.

KINDERSTUBE FÜR FISCHE

Sylt im Sommer. Bei List möchte ich an einer Miesmuschelbank tauchen. Bevor die Flut kentert und der Ebbstrom einsetzt, wird das Wasser ruhiger - die beste Zeit. Ich lasse mich auf den sandigen Grund sinken, zwei Meter nur. Ein paar Garnelen spritzen verschreckt zur Seite. Eine Scholle beäugt mich, eingeschlagen im Sand. Ein Butterfisch hat es sich in einer leeren Miesmuschelschale bequem gemacht. Heute scheint mein Glückstag zu sein, ich kann mehrere Meter weit sehen. In der Regel trüben Schwebstoffe im Wasser die Sicht derart, daß man die Hand vor Augen nicht sehen kann. Als Wattwanderer bekommt man Wattfische selten oder gar nicht zu sehen. Die meisten folgen dem ablaufenden Wasser und warten im nächsten Priel auf die Flut.
Fische können wandern, und das über weite Strecken. Das hat den Vorteil, daß sie ungünstigen Lebensbedingungen leicht ausweichen können. Finden sie nicht genug zu fressen, ziehen sie weiter. So umfaßt der Lebenszyklus vieler Fischarten verschiedene Aufenthaltsorte. Wo sie ablaichen, müssen die Larven nicht aufwachsen. Und wo sich die Jungfische den Bauch vollschlagen, müssen sich

die Alten noch lange nicht wohl fühlen. Laichplatz, Kinderstube und Wohngebiet - sie können sich überschneiden bei ortstreuen Fischen, aber auch hunderte von Kilometern auseinanderliegen - im Extrem Tausende wie beim Aal. Er laicht in der Sargassosee, 4.000 Kilometer von Europa entfernt.
Ein Fisch kommt selten als Fisch auf die Welt, er durchläuft verschiedene Entwicklungsstadien: Aus dem Ei schlüpft die Larve, die sich nach und nach in einen Fisch verwandelt. Eier können nicht schwimmen. Sie kleben am Grund oder schweben frei im Wasser und werden mit der Strömung verfrachtet - hin zur Kinderstube, wo die Jungfische heranwachsen.
Rund 30 Fischarten kommen im Wattenmeer regelmäßig vor. Unterscheiden kann man zwischen Stand- und Saisonfischen. Standfische verbringen ihr ganzes Leben im Watt wie Aalmutter, Großer Scheibenbauch, Seeskorpion, Steinpicker und Strandgrundel. Saisonfische wie Flunder und Seequappe wandern ins Meer, um zu laichen oder zu überwintern. Eine dritte Gruppe hält sich nur als Larve oder Jungfisch im Watt auf: Scholle, Seezunge, Hering und Sprotte.

Butterfisch (links, Mitte) und Steinpicker (rechts) leben am Grund des Wattenmeeres und verbringen hier ihr gesamtes Leben, sie gehören zu den häufigsten Standfischen.

Während der Steinpicker (unten) seine Eier an Algenwurzeln ablegt, betreiben Seenadeln wie die Große Schlangennadel (rechts) Brutpflege. Die Weibchen übertragen die Eier auf die Bauchtasche der Männchen.

Für sie ist das Wattenmeer die Kinderstube. Als herangewachsener Jungfisch oder fast erwachsen schwimmen sie wieder in die Nordsee.

Sein ganzes Fischleben im Watt zu verbringen, ist nicht gerade leicht. Das Wasser ist im Sommer zwar warm, kühlt im Winter aber kräftig ab. Die Flüsse schaffen Süßwasser ins Watt, im Frühjahr mehr, im Sommer weniger. Der Salzgehalt schwankt nahe den Flußmündungen beträchtlich. Heftige Strömungen kommen hinzu - das alles verlangt besondere Fertigkeiten, um überleben zu können. Damit der Nachwuchs nicht weggeschwemmt wird, heften einige Wattfische ihre Eier an feste Unterlagen, an Tang und Seegras, aber auch an Muschelschalen und Steine.

Klebrige Bodeneier zu fertigen, ist als Merkmal bei einigen Fischfamilien verbreitet, und offenbar haben es einige Arten aus diesen Familien geschafft, sich im Watt erfolgreich zu behaupten; der Steinpicker zum Beispiel: An die Haftorgane von Braunalgen legt er seine Eier, auffallend groß und gelb, verklebt zu kleinen Klumpen. Zehn bis elf Monate dauert es, bis daraus die Larven schlüpfen. Der Steinpicker ist ein typischer Grundfisch, der Vorderkörper flach und breit, das Maul nach unten geöffnet. Ungewöhnlich ist, daß Kopf und Rumpf mit Knochenplatten vollständig gepanzert sind. Der bizarre Knochenpanzer schützt ihn vor Freßfeinden. Knapp 15 Zentimeter lang, stellt der Steinpicker vorwiegend jungen Garnelen nach. An seinen Wangen hat er zahlreiche Tastfäden, mit denen er über den Boden streicht. Hat er etwas entdeckt, wühlt er sich mit seinen schaufelförmigen Brustflossen in den Grund und packt seine Beute. Wer seine Eier anklebt, kann sich auch gleich um den Nachwuchs kümmern. Tatsächlich ist Brutpflege bei Wattfischen weit verbreitet. Bei den Seeskorpionen bewacht das Männchen das Gelege. Beim Butterfisch kümmern sich beide Geschlechter um die Eier, die in einer leeren Muschelschale oder

unter einem Stein verborgen sein können. Die Aalmutter bringt gleich vollausgebildete Jungfische zur Welt und vermeidet so das Risiko, daß Feinde den Laich fressen. Bis zu 400 Jungfische kann ein armlanges Weibchen beherbergen. Wie ein Ballon ist die Bauchregion angeschwollen, bis die Jungen ins Freie entlassen werden. Sofort schwimmen sie in alle Richtungen, denn Muttergefühle kommen bei den Alten nicht auf. Was zu lange vor ihrem Maul schwimmt, wird geschnappt - auch die eigenen Kinder.

Kümmern sich die Eltern um den Nachwuchs, wachsen die Jungen sicherer zum Altfisch heran. Fürsorgliche Arten legen enstsprechend weniger Eier ab. Schon wenige hundert reichen, um die Art zu erhalten. Fischarten, die im freien Wasser ablaichen, müssen dagegen mehrere Hunderttausend bis Millionen Eier produzieren. Das zehrt an den Kräften. Viele Fische fressen in dieser Zeit wenig oder gar nichts, sind nach dem Ablaichen mager und erschöpft. Da mag es von Vorteil sein, nicht alle Energie in die Produktion von Abertausenden von Eiern zu investieren.

Eine besondere Form der Brutfürsorge haben die Seenadeln entwickelt, von denen mehrere Arten im Wattenmeer leben. Das Weibchen stopft dem Männchen die Eier einfach in seine Bruttasche, einem länglichen Organ aus zwei

Sobald sich das Wasser im Frühjahr erwärmt, wandern Makrelen ins Wattenmeer. Sie folgen ihrer Nahrung, den Jungheringen und Sprotten.

Bei Gefahr können sich Schollen in den Untergrund einschlagen. Ihr Maul können sie vorstülpen und damit auch kräftigere Beute überwältigen.

Hautlappen auf der Unterseite des Körpers. Die Eier werden in der Bruttasche befruchtet, die Embryonen mit Nährstoffen versorgt. Derart wohlbehütet schlüpfen die Jungfische nach etwa vier Wochen.

Die meisten Seenadelarten zählen zu den Saisongästen. Sie verlassen das Wattenmeer im Herbst, weil ihnen das Wasser wohl zu kalt wird, und kehren erst im Frühjahr zurück. Eine Ausnahme ist der Seehase. Als einziger zieht er im Spätwinter in flaches Wasser, um dort zu laichen. Mit den Scheibenbäuchen zusammen gehört er zur Familie der Lumpfische, deren Bauchflossen zu einer Saugscheibe umgebildet sind.

Makrele, Bastardmakrele und Dicklippige Meeräsche verleben als erwachsene Fische den Sommer im Watt. Vor allem die Meeräsche tritt in großen Schwärmen auf. Sie gilt als Neubürger im Watt. Erst seit den sechziger Jahren werden Invasionen von Dicklippigen Meeräschen beobachtet. Nur ältere Tiere zwischen sieben und zwölf Jahren nehmen an diesen Wanderungen teil.

Meeräschen sind Vegetarier. Sie hinterlassen charakteristische Spuren im Watt: Doppelstreifen, fünf bis zehn Zentimeter lang und knapp vier Zentimeter breit. Unmengen von Kieselalgen schürfen die Meeräschen von der Wattoberfläche, wobei ihre eigenartig geformte Unterlippe die zweigeteilte Fraßspur hinterläßt.

Eine Reihe von Fischarten hält sich nur als Jungfisch im Wattenmeer auf: Sprotte und Hering, Scholle und Seezunge, allesamt Nutzfische, die für die Fischerei wichtig sind.

Warmes Wasser und Nahrung genug - das ist es, was die Larven und Jungfische ins Wattenmeer lockt. Für sie ist die Gezeitenlandschaft die Kinderstube, eine Art Schlaraffenland, in dem sie rasch heranwachsen. Auf mehrere hundert Millionen wird die Zahl der Jungschollen geschätzt, die im Frühjahr zu den Wattflächen strömen. Bis zu 80 Prozent aller Nordseeschollen wachsen im Wattenmeer heran und 65 Prozent aller einjährigen Schollen; das gleiche gilt für die Seezungen.

Es ist ein Kuriosum, daß Fischarten, die lediglich ihre Jugend im Watt verleben, die meisten Standfisch- und Saisonarten an Zahl und Gesamtgewicht bei weitem übertreffen. Schollen laichen im Winter in der Nordsee mehrere hundert Kilo-

meter vom Wattenmeer entfernt. Die Eier, 50 bis 500.000 Eier pro Schollenweibchen, schweben frei im Wasser, wo sie auch befruchtet werden. Nach zehn bis zwanzig Tagen schlüpft die Larve, kaum sechs Millimeter lang. Aufrecht und symmetrisch sieht sie fast wie ein normales Fischlein aus. In den ersten Tagen zehrt sie von ihrem Dottervorrat, dann muß sie im freien Wasser nach winzigen Schnecken- und Borstenwürmerlarven jagen. Nur ein Bruchteil überlebt, je nachdem wie groß das Angebot an Beute ist. Und natürlich werden viele auch von anderen Fischen gefressen, während die Überlebenden im ostwärts gerichteten Strom der Flutwelle treiben und sich langsam dem Wattenmeer nähern.
In wenigen Tagen beginnt sich die Gestalt der Larve zu verändern, ein bizarrer Kniff von Mutter Natur: Das linke Knopfauge wandert allmählich über den Scheitel des Kopfes und gesellt sich zum rechten. Und die Jungen fangen an, mit der linken Körperseite nach unten zu schwimmen. Auch das Larvenmaul wird umgestaltet, wandert ebenfalls nach rechts und wird schief. Aus der Larve wird allmählich ein Plattfisch.
Die jungen Schollen fangen an, auf dem Meeresgrund nach Nahrung zu suchen. Wie eine Leimrute wirkt die Nahrungsfülle im Watt: Solange die Schollen satt werden, „kleben" sie am Grund. Nach vier Tagen färben Pigmente die rechte Körperseite der Schollen dunkel, der Bauch bleibt hell und bleich - der kleine Plattfisch ist umgestaltet, perfekt getarnt dazu, weil er jetzt seine Körperfarbe dem Untergrund, ganz gleich ob Schlick oder Sand, anpassen kann.
Etwa 50 Tage alt und knapp fingernagelgroß sind die jungen Schollen, die zu Myriaden das Watt bevölkern. In den ersten Wochen meiden sie tiefe Priele. Zusammen mit jungen Flundern, Seezungen und Garnelen sammeln sie sich in flachen Pfützen, die bei Niedrigwasser auf den Wattflächen zurückbleiben. Das ist kein Zufall: Die jungen Plattfische schwimmen mit dem Strom und dringen mit jeder Flut weiter vor, bis in die flachsten Wattbereiche. Läuft das

Die Kliesche (oben), ebenfalls ein Plattfisch wie die Scholle, wandert im Frühjahr ins Watt, um hier zu laichen. Der Gestreifte Leierfisch (unten) gehört zu den farbenprächtigsten Fischen im Wattenmmer. Das netzartige Muster erschwert es seinen Feinden, ihn auf dem Wattboden zu erkennen. Die kontrastreiche Färbung macht den Seeskorpion nahezu unsichtbar (nachfolgende Doppelseite).

Locker im Sand vergraben, wartet das Große Petermännchen auf Beute. War die Art früher häufig im Wattenmeer, ist sie heute ausgestorben.

Wasser ab, stemmen sich die Winzlinge gegen den Strom und bleiben in den Wattpfützen und Abläufen zurück. Der Vorteil ist: In den nahen Prielen wartet eine Vielzahl von Feinden, größere Artgenossen und Strandkrabben vor allem. Die Wattpfützen bieten ausreichend Schutz. Dort können sie sich bei Niedrigwasser in den Grund einbuddeln und die nächste Flut abwarten. Oder sie wandern umher, zwacken die Atemschläuche kleiner Muscheln ab und knabbern an Wattwurmschwänzen. In den flachen Pfützen haben die jungen Plattfische keine Konkurrenten und wachsen recht schnell heran. Doch kein Vorteil ohne Risiko: Je mehr sie sich bewegen, um so leichter werden sie von Vögeln entdeckt. Und wird ihr Naturaquarium so warm, daß die obere Wattschicht keinen Schutz mehr vor Hitze bietet, müssen sie flüchten. Schollen, Flundern, Seezungen und auch kleine Garnelen schwimmen dann zu Tausenden stromab in den Abläufen der Pfützen, den Kopf voran, um sich im nahen Priel in Sicherheit zu bringen. Ein riskantes Manöver, denn Silber- und Lachmöwen sind schnell zur Stelle, um sich die leckere Beute einzuverleiben. Auch die Zurückgebliebenen in den Pfützen sind dem Tode geweiht, wenn die Flut nicht rechtzeitig eintrifft oder sich nicht Wolken vor die Sonne schieben. Mehr als ein Viertel aller Jungplattfische können in Folge einer Massenflucht ums Leben

Mit dem starken Rückgang der Seegraswiesen ist auch der Seestichling (links) im Wattenmeer nahezu verschwunden. Ihm fehlen die Seegräser, in denen das Männchen sein Nest baut. Der Dreistachlige Stichling (rechts) war einst so häufig, daß er als Tierfutter verwendet wurde. Verluste von Vorlandprielen durch Küstenschutzmaßnahmen haben ihn seltener werden lassen.

kommen. Je größer die Schollen werden, um so mehr werden sie zu „Gezeitenwanderern", die bei Flut die hochliegenden Platen nach Nahrung absuchen, sich mit ablaufendem Wasser aber in tiefere Priele zurückziehen. Warum sind besonders „Kinderstuben-Fischarten" im Watt am häufigsten vertreten? Die Jungfische nutzen im wesentlichen den Vorteil, den das Watt im Sommer zu bieten hat: reichlich zu fressen. Dabei sind sie so gut angepaßt wie die Standfische und müssen obendrein nicht mit erwachsenen Artgenossen um Futter und Raum konkurrieren. Sind die Lebensumstände günstig, können Scholle, Seezunge und Hering eine enorme Zahl von Nachkommen erzeugen. Allein für die norwegische Rasse des Herings hat man errechnet, daß er bis zu drei Millionen Tonnen Eier im Jahr ablaichen kann. Da fallen die wenigen hundert Eier von Standfischen kaum ins Gewicht. Außerdem werden sie nicht sehr alt: Aalmutter, Steinpicker und Seeskorpion bis zu fünf, Grundeln und Scheibenbauch nur ein bis zwei Jahre. „Kinderstubenarten" dagegen können ein Alter von zehn bis zwanzig Jahren erreichen und sich um so häufiger fortpflanzen.
Nach zwei, drei Jahren suchen Schollen tieferes Wasser auf und verteilen sich in der Nordsee - ganz im Gegensatz zum Hering: Er schließt sich zu Schwärmen zusammen, die früher riesige Ausmaße annahmen mit vielen tausend Tonnen Fisch. Die Bestände sind allerdings stark überfischt worden und haben sich bis heute nicht vollständig erholt. Die Mehrzahl der Wattfische lebt von Bodentieren: Scheibenbauch, Steinpicker und Seequappe mästen sich mit Garnelen verschiedener Größe, wobei Würmer und kleine Fische auch nicht verschmäht werden. Vielseitig ist die Aalmutter, die Muscheln, Garnelen, Flohkrebsen und kleinen Fischen nachstellt. Seezunge und Butterfisch zupfen Würmer aus dem Boden. Der Seeskorpion frißt gerne kleine Strandkrabben und Garnelen.
Ob Standfisch, Saisongast oder Kinderstubenfisch - sie alle schwimmen durchs Watt wie durch eine nahrhafte Suppe. Konkurrenz ist durch Anpassungen vermindert. So nutzen Wattfische verschiedene Teillebensräume. Haben zwei den gleichen Geschmack, treten sie zeitlich getrennt auf, der eine früher, der andere später im Jahr. Ein fein abgestimmtes Geflecht an Beziehungen ist entstanden, das ein Nebeneinander einer Vielzahl von Fischarten ermöglicht. Und offenbar ist immer genug vorhanden für das „Große Fressen".

Das Watt-Tankstelle für Millionen von Vögeln

Im Mai bei Westerhever: Bei auflaufendem Wasser rücken alle Vögel eng zusammen auf den trockenen Flächen. Eine Wolke von Knutts erhebt sich in die Luft, einige tausend Vögel mögen es sein. Wie auf ein geheimes Kommando hin wechselt die Wolke ihre Gestalt: Die Kugel fließt auseinander, wird zur wogenden Welle. Gestalt und Flugrichtung wechseln im Nu, auch die Farbe: Grau schlägt um in Hellgrau, wenn die Knutts sich schräg auf die Seite drehen und die Flügelunterseiten zeigen.

Die Flugspiele von Wattvögeln wie Knutts, aber auch Alpenstrandläufern und Pfuhlschnepfen, gehören zu den eindruckvollsten Naturschauspielen, die das Wattenmeer zu bieten hat. Zweimal im Jahr, Frühjahr und Herbst, halten sich bis zu vier Millionen Zugvögel im Wattenmeer auf. Zehn bis zwölf Millionen sind es hoch gerechnet im Verlauf eines Jahres. Und alle wollen hier fressen, das Gefieder wechseln, Junge aufziehen oder den Winter verleben. Viele kommen von weit her: Küstenseeschwalben aus der Antarktis, Sanderlinge und Kiebitzregenpfeifer von den Küsten zwischen West- und Südafrika. Der Einzugsbereich des Wattenmeeres

umfaßt ein Areal, das hundertmal größer ist als das Wattenmeer selbst. Ob sie länger oder kürzer im Watt verweilen - für alle ist der Stop unverzichtbar. Und ob sie hier mit Erfolg fressen, mausern, brüten oder rasten, wirkt sich in weit entfernten Regionen aus. Die meisten nutzen das Watt als Speisekammer. In wenigen Wochen legen sie sich Fettreserven an, die für den Flug in die Winterquartiere und Brutreviere reichen müssen.

Die Zugwege der Knutts und der zeitliche Ablauf ihrer Reise sind mittlerweile recht gut bekannt. Die ersten Ergebnisse allerdings waren verwirrend: Ende April gingen in der Regel schwere Knutts ins Netz, Anfang Mai dagegen auffallend magere Tiere, die um so schwerer waren, je später sie im Mai gefangen wurden. Erst die große Zahl gefangener Tiere brachte Licht ins Dunkel: Zwei Unterarten von Knutts ziehen kurz hintereinander durchs Watt.

Im April und Anfang Mai ist Calidris canutus islandica im Watt, der isländische Knutt. Anfang bis Mitte Mai trifft Calidris canutus canutus aus Afrika ein. Die grönländisch-kanadischen Knutts überwintern in Westeuropa, insbesondere in

Bis zu 2,5 Millionen Enten und Gänse und 7 Millionen Watvögel besuchen das Wattenmeer im Laufe eines Jahres.
Von März bis April wächst die Zahl der Pfuhlschnepfen (links, Mitte oben) im Watt auf bis zu 117.000 Exemplare, 90 Prozent des gesamten Bestandes. Die höchste Zahl an Ringelgänsen (Mitte unten, rechts) wurde im Mai mit 220.000 ermittelt.

Frankreich, England und der Irischen See. Mehr als 430.000 füllen im Watt ihre Fettdepots und ziehen Anfang Mai nach Island und Norwegen. Nach einem kurzen Zwischenstop ziehen sie zum Brüten an die grönländische Küste und auf die Ellesmere-Inseln, einer kanadischen Inselgruppe nordwestlich von Grönland.
Die sibirischen Knutts legen einen längeren Weg zurück, denn sie überwintern in Westafrika, genauer in Banc d'Arguin in Mauretanien, wo sich viele Wattvögel während der kalten Jahreszeit sammeln. Offenbar fliegen die Knutts die 4000 Kilometer bis ins Watt nonstop, denn bei ihrer Ankunft sind sie völlig abgemagert. Den zweiten Riesensatz machen die Knutts, wenn sie aus dem Watt nach Sibirien ziehen, um dort zu brüten. Knutts, die in Südafrika überwintern und auf den Neusibirischen Inseln bleiben, fliegen insgesamt bis zu 16.000 Kilometer weit. Auch die Knutts steuern das Watt an, um hier zu „tanken". Nur hier finden sie kleine Muscheln in großer Menge. Wochen dauert es, die nötigen Fettmengen anzufressen. Pro Tag sind es etwa fünf Gramm, ein „Tankvorrat", der gerade für zweieinhalb Stunden Flug reicht. Günstigen Rückenwind vorausgesetzt, kämen sie damit gerade 200 Kilometer weit, von Borkum bis Sylt.
Es ist kaum möglich, die beiden Knuttunterarten auseinanderzuhalten, lediglich Schnabel- und Flügellänge unterscheiden sich geringfügig. Der sibirische Knuttschnabel ist im Mittel zwei Millimeter länger, dafür die Flügel drei Millimeter kürzer. Besser geeignet, die Unterarten zu unterscheiden, ist ihr Gewicht. Anfang Mai stehen die grönländisch-kanadischen Knutts kurz vor ihrem Abflug und sind entsprechend schwer, die sibirischen Knutts sind gerade im Watt eingetroffen und mager.

Fällt das Watt frei, wird gefressen. Watvögel wie die Knutts sind gesellig und stochern gemeinsam nach Jungmuscheln im Watt. Schwärme von Knutts mit bis zu 30.000 Exemplaren sind keine Seltenheit.

Zusammen mit Knutts kommen die Pfuhlschnepfen ins Watt, auch sie sind auf dem Weg in die Brutgebiete. Im Brutkleid sind sie ebenso prächtig gefärbt wie Knutts. Pfuhlschnepfen tragen einen längeren Schnabel und sind erheblich größer. So leicht wie ihre Vettern lassen sie sich nicht einem bestimmten Brutgebiet zuordnen. Pfuhlschnepfen brüten in Nordeuropa und Sibirien, wie die meisten durchs Watt ziehenden Vögel. Die Pfuhlschnepfen in Ostsibirien sind etwas größer als die „Nordeuropäer". Ob diese über die Zwischenstation Watt reisen, ist bis heute unbekannt. Die Unterschiede zwischen beiden Unterarten sind fließend, und bisherige Ergebnisse lassen nur Vermutungen zu. Im Frühjahr ziehen 340.000 vom Wattenmeer nach Sibirien.

Das Brutgebiet der Kiebitzregenpfeifer liegt in den hocharktischen Tundren und erstreckt sich von der Ostküste des Weißen Meeres bis zur Taimyr-Halbinsel. Die Männchen besetzen zunächst ein Revier, und wer zuerst kommt, kann sich die besten Plätze aussuchen; die letzten gehen womöglich leer aus. Es scheint, daß die Natur die Männchen begünstigt, die frühzeitig die Brutplätze erreichen. Da mag es von Vorteil sein, anstatt in Afrika in Westeuropa zu überwintern: Die Anreise dauert nicht so lange. Kiebitzregenpfeifer, ebenso wie Knutts und Pfuhlschnepfen legen vor ihrem Abzug aus dem Watt noch einmal kräftig an Gewicht zu - in 14 Tagen bis zu 100 Gramm. Den Rekord hält ein Kiebitzregenpfeifermann: Er hatte sein Körpergewicht von 260 auf 315 Gramm gesteigert, und das in vier Tagen.

Wenn Kiebitzregenpfeifer in die Brutgebiete starten, bestehen sie zu rund vierzig Prozent aus Fett, die schwersten sogar zur Hälfte. Mit einer Formel kann man

berechnen, wie weit der Fettank reicht: knapp 7000 Kilometer bei einem Startgewicht von 380 Gramm, die Hälfte davon Fett, also weit über die Brutgebiete hinaus. Offenbar gehen Kiebitzregenpeifer auf Sicherheit, um wegen schlechten Wetters und Gegenwind gewappnet zu sein. Von Jahr zu Jahr kommen mehr Kiebitzregenpfeifer und Pfuhlschnepfen ins Wattenmeer. Zusammen ziehen sie mit rund 500.000 Exemplaren durchs Watt. Im Mai stochern 433.000 Knutts nach Nahrung, 1,1 Millionen Alpenstrandläufer im September. Von acht Vogelarten ziehen praktisch alle Individuen durchs Watt, von 18 Arten sind es mehr als die Hälfte des Bestandes.
Im Frühjahr und Herbst prägen sie die Gezeitenlandschaft, die dann zu einem der vogelreichsten Gebiete der Erde wird. Und selbst im Winter bevölkern immer noch rund 1 Million Wattvögel das Wattenmeer. Hinzu gesellen sich zahlreiche andere Wattvogelarten: Sichelstrandläufer, Große Brachvögel und Regenbrachvögel, dazu Dunkle Wasserläufer, Steinwälzer, Rot- und Grünschenkel, Säbelschnäbler, Gold-, Sand- und Seeregenpfeifer. Alle leben vom Nahrungsreichtum des Wattenmeeres - doch nicht alle fressen das Gleiche. Knutts suchen vorwiegend nach Plattmuscheln, wegen ihre Farbe und Form auch Rote Bohnen genannt; Kiebitzregenpfeifer stochern nach Wattringelwürmern und Herzmuscheln, Pfuhlschnepfen erbeuten Sandpierwürmer, und Alpenstrandläufer picken Schlickkrebse und Wattschnecken auf.
Mit unterschiedlichen Tricks versuchen sie an ihr Futter heranzukommen. Eine beliebte Strategie: Knutts und Alpenstrandläufer stochern blind im Boden herum, bis die sensiblen Schnabelspitzen auf etwas Freßbares stoßen. Gezielter gehen See- und Sandregenpfeifer vor: Ein Fuß wird leicht aufgesetzt, trommelt in schneller

Mit fieberhafter Eile und aufgeregt trippeln Sanderling (links) und Zwergstrandläufer (rechts unten) am Strand entlang auf der Suche nach Würmern, kleinen Krebsen, Jungmuscheln und Insekten. Versperrt die Flut den Zugang zur Nahrung, sammeln sich die Alpenstrandläufer (oben) an ihrem Hochwasserrastplatz.

Folge auf den Boden. Würmer und Krebse, die sich regen oder tiefer eingraben wollen, kann der Regenpfeifer sehen, im Nu packen und verschlucken.
Die Schnäbel von Pfuhlschnepfen und Brachvögeln sind lang, gut geeignet, um Tiere zu erbeuten, die tiefer im Boden leben. Steinwälzer wenden alles, ob Tangrest oder Stein, um Verborgenes zu erbeuten. Gefressen wird bei ablaufendem Wasser, ganz gleich ob bei Tag oder in der Nacht.
Das gräuliche Wasser verschwimmt am Horizont mit dem farblosen Himmel - ein normaler Tag im Watt, wie man ihn häufig im Frühjahr erlebt, wären da nicht dunkle Wolken, die über dem Vorland aufsteigen. Es sind Abertausende von Ringelgänsen. Der Schwarm verdichtet sich und fließt wieder auseinander. Mit kräftigen Flügelschlägen mühen sich die Vögel gegen den Wind, ihr Flug wird langsamer, und mit weit vorgestreckten Beinen landen die Ringelgänse schließlich auf dem Heller. Eifrig beginnen sie die jungen Triebe von Andelgras, Strandwegerich und Stranddreizack abzurupfen - zum Mißfallen des Halligbauern, der die Pflanzen

als Futter für sein Vieh vorgesehen hat. Im späten Frühjahr halten sich nahezu alle Dunkelbäuchigen Ringelgänse im Wattenmeer auf, im Gegensatz zur hellbäuchigen Unterart, von der nur einige Tiere aus Spitzbergen den Weg ins dänische Wattenmeer finden. Eine dritte Unterart, die Schwarzbäuchige Ringelgans, dringt nur vereinzelt bis ins Wattenmeer vor. Im Mai setzen die Dunkelbäuchigen Ringelgänse noch einmal kräftig Speck an: 12 bis 14 Gramm, Tag für Tag. Mit vorgestreckten Hälsen sieht man sie rupfen und fressen. Das ist alles, was sie in dieser Zeit interessiert. Sie müssen fleißig sein, denn fast 80 Prozent der Pflanzenmengen werden unverdaut wieder ausgeschieden. Von ihren drei Pfund Abfluggewicht sind 350 Gramm Fett. Irgendwann Ende Mai ist Aufbruch - 4.000 Kilometer nach Nordost zu den Brutgebieten in Nordwest-Sibirien mit Schwerpunkt auf der Taimyr-Halbinsel, nördlich des siebzigsten Breitengrades; bis zum 82. Breitengrad erstreckt sich ihr Brutgebiet, das nördlichste für Vögel weltweit. Hier beginnt das Tauwetter erst Mitte Juni. Ende August, Anfang September fällt der erste Schnee - wenig Zeit für Brut und Aufzucht der Jungen. Zunächst wird das Großgefieder gewechselt, die Vögel können so lange nicht fliegen. Balzen und Partnersuche entfallen, denn Ringelgänse leben in Einehe, das spart Zeit und Kraft. Findet das Gänsepaar einen schneefreien Platz, legt die Gans drei bis sechs Eier und bebrütet sie achtundzwanzig Tage. Bereits Mitte Juli sind fast alle Jungen geschlüpft, und Mitte August ist das Großgefieder gewachsen, das sie für die Rückreise nach Westeuropa benötigen. Der Bruterfolg der Ringelgänse schwankt erheblich: zwischen null und fünfzig Prozent. Ein Kälteeinbruch, und der Nachwuchs erfriert. Dazu halten sich Polarfüchse an Ringelgänsen schadlos, vor allem wenn ihre Lieblingskost, die Lemminge, ausbleibt. Ist die Tundra gefroren, bietet sie wenig zu fressen: etwas Moos, einige Flechten, ein paar Grashalme. Ohne ihre Fettpolster, die sie sich im Watt angefressen haben, könnten die Ringelgänse die magere Zeit nicht überstehen. Und wer im Watt fleißig gefressen hat, bringt auch mehr Junge aus dem Nest. Mehr als zwei Mal hintereinander ist der Ringelgans-Nachwuchs bisher nicht ausgeblieben. Und trotz aller Gefahren: Fast 90 Prozent aller Ringelgänse überleben jedes Jahr. Anfang Oktober erscheinen die ersten in der Deutschen Bucht, abgemagert von den Strapazen. Bis Mitte November sind sie draußen im Watt, wann immer der Wasserstand es erlaubt, um

Bei der Nahrungssuche durchseihen Brandgans und -ganter (links) mit pendelnden Kopfbewegungen das Flachwasser, wobei charakteristische Spuren entstehen (rechts oben). Schnecken und Muscheln legen sie durch Trampeln frei. Dabei entstehen runde Kuhlen. (rechts unten) Bald nach dem Schlüpfen laufen die Brandganskuken (Mitte) zum Wasser, beaufsichtigt von den Alttieren.

Zur Brutzeit versucht der Eiderenten-Erpel mit seinem schwarzweißen Brutkeid dem Weibchen zu imponieren, das unscheinbar dunkelbraun gefärbt ist.
Im Herbst sind Pfeifenten mit Abstand die häufigste Entenart im Wattenmeer (rechts).

sich pummelig zu mästen. Jetzt bevorzugen sie Seegras und Grünalgen, die in den warmen Sommermonaten herangewachsen sind. Im Frühjahr dagegen fressen sie Salzpflanzen, weil Seegras und Algen über Winter weitgehend absterben oder gefressen werden. Wie wichtig der Freßstop im Watt ist, zeigt der Jahreszyklus der Dunkelbäuchigen Ringelgans: Zweieinhalb Monate Brut, eineinhalb Monate für Hin- und Rückflug, aber drei bis vier Monate Aufenthalt im Wattenmeer, um zu rasten, zu fressen - und auch zu überwintern. Wieder bei Kräften, zieht ein Großteil des Bestandes nach Südostengland und Nordwestfrankreich ins Winterquartier.
Die Brandgans dagegen bleibt das ganze Jahr im Watt. Gans und Ganter tragen das gleiche Federkleid. Die Brandgans ist sehr bunt, eher ein Entenmerkmal. Das Männchen ist etwas größer als das Weibchen und trägt an der Wurzel des knallroten Schnabels einen auffälligen Höcker. Brandgänse brüten in Kaninchenbauten, verlassenen Erdhöhlen, aber auch zwischen angeschwemmtem Treibholz. Auf der Vogelinsel Scharhörn nisten alle Brandgänse zwischen den Horsten von Dünengras. Acht bis zehn gelblichweiße Eier legt das Weibchen ins Nest. Täglich erscheint das Männchen am Bau und lockt das Weibchen heraus. Gemeinsam fliegen sie ins Watt, hastig seiht die Gans Nahrung aus dem Boden, kleine Muscheln, Ringelwürmer und Schnecken. Dann geht es zurück ins Nest. Nach einem Monat Brüten und Fressen schlüpfen die Gössel. Sie sind auffallend schwarzweiß gemustert und quicklebendig. Bereits einen Tag später verlassen die Zöglinge die Höhle und streben mit ihren Eltern zum nächsten Priel - ein gefährlicher Weg. Denn erst im Wasser können sie abtauchen und sich so vor Silbermöwen in Sicherheit bringen.

Alle Seeschwalben sind geschickte Stoßtaucher, die im Wasser nach Fischen schnappen wie die Brandseeschwalbe. Die Übergabe der Beute soll die Bande zwischen den Partnern festigen, bei Küstenseeschwalben (links) ebenso wie bei Flußseeschwalben (rechts).

Von überall kommen die Brandganseltern mit ihrem Nachwuchs, Konflikte bleiben nicht aus. Wird ein Elternpaar vertrieben, bleiben deren Küken zurück und werden von den Siegern übernommen. Je häufiger Gans und Ganter aus Streitereien als Sieger hervorgehen, um so mehr kann die Kinderschar anwachsen - bis sie einen Gänsekindergarten beaufsichtigen müssen, mit mehr als hundert Gösseln aller Altersstufen.

Im Spätsommer ziehen die Brandgänse vor die Mündungen von Weser und Elbe, um zwischen Großem Knechtsand und der Vogelinsel Trischen ihr Gefieder zu wechseln. Zu den 4700 Brutpaaren aus dem Wattenmeer gesellen sich Brandgänse aus einem Gebiet, das von der Westküste Irlands bis zum Osten der UdSSR reicht. Selbst aus der Camargue in Südfrankreich kommen sie geflogen. Weit über 200.000 Tiere sammeln sich im August zur Mauser. Einen Monat lang können sie nicht fliegen, sie lassen sich mit den Gezeiten hin und her driften. Erst wenn die Schwungfedern nachgewachsen sind, löst sich die Mausergemeinschaft auf,

und die Brandgänse verteilen sich an der Nordseeküste. Dort verbringen sie auch den Winter; wenn Eis das Watt bedeckt, weichen sie nach Südwesten aus.
Im Gegensatz zu Brandgänsen sind Eiderentenweibchen schlichtbraun - ein Vorteil für den am Boden brütenden Vogel. Das Federkleid des Erpels dagegen ist auffallend bunt, wie bei den meisten Entenarten. Nach Balz, Begattung und Nistplatzsuche geht der Erpel seines Weges - auch dies typischer Entenstil. Eiderenten stillen ihren Hunger mit Schnecken, kleinen Fischen und Krebsen, vor allem aber mit Miesmuscheln. Sie machen sich die Mühe, zu den Schalentieren hinabzutauchen; trockengefallene Miesmuschelbänke rühren sie nicht an. Ihr muskulöser Kaumagen übernimmt es, die Schalen zu zerknacken und zu zerreiben.
Die Zahl der Eiderenten im Wattenmeer ist abhängig von den Jahreszeiten. Im Sommer bilden sie eindrucksvolle Ansammlungen: Da gesellen sich die Erpel zu den Junggesellen, den scheckigen, noch nicht ausgefärbten Eiderenten-Männchen. Zusammen rasten sie am Strand oder auf Steinlahnungen. Naht die Flut, fliegen

sie in einer langen Kette flach über das Wasser zu den Muschelbänken. An ihren Ahuoo-Rufen, die so ganz anders klingen als gewohntes Entengeschnatter, kann man sie auch bei schlechter Sicht wahrnehmen. Derweil bebrüten die Enten das Gelege, das in weichen Eiderdaunen gepolstert liegt. Sind die Jungen geschlüpft, führt sie die Ente schnurstracks zum Wasser. Zu fressen gibt es im Watt: Asseln, Flohkrebse und kleine Krabben. Wie viele Vogelarten, die im Wattenmeer brüten, sind Eiderentenjunge „Nestflüchter". Vom ersten Tag an können die Jungen das Nest verlassen, ein weicher Federflaum schützt sie gegen Regen und Kälte. Ihre Sinne sind hellwach, und die Jungen wissen auch Genießbares von Ungenießbarem zu unterscheiden.

Im Mai auf Texel, der Vogeloase! Mit etwas Glück und Geduld kann man hier vier Seeschwalbenarten beobachten, die im Watt heimisch sind. Eine Küstensee-schwalbe rüttelt in der Luft, lackrot glänzt der Schnabel in der Sonne. Jäh stürzt der Vogel ins Wasser, taucht auf mit einem Fisch im Schnabel und ruft, kaum wieder in

Im Wattenmeer brütet der Rotschenkel (links) im grünen Vorland, den Salzwiesen. Er stochert nach kleinen Schnecken, Muscheln und Krebsen. Sandregenpfeifer (rechts unten) können mit ihrem kurzen Schnabel nicht stochern, sondern picken nach Beute wie diesem Ringelwurm. Ihre langbeinigen Küken (Mitte), kaum größer als ein Tennisball, flüchten sehr schnell aus dem Nest und sind nach 25 Tagen flügge.

der Luft, mit gedehntem „kriäh" seine Partnerin. Ihr möchte er die zappelnde Beute als Geschenk übergeben. Kaum bei der Partnerin angekommen, beginnt ein bemerkenswerter Tanz: Trippeln, lautes Zetern, Flügel anheben, dann drehen sich die Vögel umeinander, bis die Umworbene den Fisch annimmt und verschluckt.
Die Fischübergabe bei Seeschwalben soll die Bande zwischen den Partnern festigen. Seeschwalben verpaaren sich für einen Sommer. Da jedoch beide Geschlechter Jahr für Jahr an die alten Brutplätze zurückkehren, finden manche Paare über Jahre immer wieder zusammen. Und jedesmal muß das Männchen erneut zappelnde Verlobungsgeschenke heranschleppen. Häufig sieht man unverpaarte Männchen, die bereits ein Revier besitzen, mit einem Fischchen im Schnabel. Sie sind noch auf der Suche nach dem Partner für den Sommer. Das Weibchen übernimmt einen großen Teil des Brutgeschäftes, wobei es weiter vom Männchen mit Nahrung versorgt wird.
Seeschwalben gehören zu den elegantesten Erscheinungen unter den Wattvögeln. Lange, spitz zulaufende Schwingen, dazu der gegabelte Schwanz - alles Attribute, die sie als vorzügliche Flieger ausweisen. Fluß- und Küstenseeschwalben sind schwer zu unterscheiden. Die Küstenseeschwalbe hat kürzere rote Beine als die Schwesterart, hell durchscheinende Handschwingen und längere Schwanzfedern - Merkmale, die auffallen, wenn beide zusammen vorkommen. Eindeutiges Merkmal der Küstenseeschwalbe ist der lackrote Schnabel - doch nur zur Brutzeit. Im Spätsommer färbt sich die Schnabelspitze wieder dunkler.
Brütet die Flußseeschwalbe an der Küste in Salzwiesen und flachen Dünen, bevorzugt sie weiter im Norden Kies- und Sandflächen naturnaher Flüsse. Derartige Flächen hat sie in Mitteleuropa häufiger besiedelt, bevor Flüsse begradigt, kanalisiert und damit viele dieser Standorte vernichtet wurden.
Die Küstenseeschwalbe brütet in Dänemark und Schleswig-Holstein häufiger, Flußseeschwalben dagegen mehr in Holland und Niedersachsen. Kommen beide Arten zusammen vor, brüten sie auch gemeinsam in einer Kolonie. Zur Zugzeit trennen sich ihre Wege. Die Flußseeschwalben reisen entlang der Antlantikküste nach Afrika, um zwischen Senegal und Südafrika zu überwintern. Ende Juli brechen die Küstenseeschwalben nach Süden auf, halten sich an Küsten und Flüsse,

überfliegen das Mittelmeer, ziehen weiter an der Westküste Afrikas bis zur Südspitze. Ein Teil fliegt von da aus bis zur Packeisgrenze der Antarktis. Von hier aus geht es nach Norden entlang der Westküste Südamerikas, wo die Küstenseeschwalben im Humboldtstrom nach Kleinfischen jagen. Weiter geht es über die Karibik entlang der Ostküste Nordamerikas an die Südküste Grönlands und über den Nordatlantik zurück ins Wattenmeer. Neun Monate sind Küstenseeschwalben auf ihrer Weltreise unterwegs und können dabei bis zu 40.000 Kilometer zurücklegen, etwa die Länge des Erdumfangs.

Neben Küsten- und Flußseeschwalben kommen Zwerg- und Brandseeschwalben im Wattenmeer vor, und auch sie brüten in Kolonien. Der Vorteil: Zusammen können sie sich besser wehren gegen Möwen und Greife, ihre Erzfeinde. Nähert sich eine Silbermöwe einer Seeschwalben-Kolonie, sind sofort alle Altvögel in der Luft und setzen dem Räuber mit ihren scharfkantigen Schnäbeln zu. Obwohl die Silbermöwe kräftiger und größer ist - gegen die Übermacht hat sie kaum eine Chance. Brandseeschwalben sind fast so groß wie Lachmöwen. Dicht an dicht brüten die Weibchen in den Kolonien, die mehrere tausend Brutpaare beherbergen können. Die größten liegen auf Griend, Rottumeroog, Rottumerplaat, Oldeoog, Scharhörn, Trischen und Norderoog - unbewohnte Inseln, fernab der Küsten. Hier fühlen sich Brandseeschwalben sicher vor Beutegreifern wie Füchsen und Ratten. Brandseeschwalben entscheiden sich jedes Jahr neu, auf welcher Insel sie eine Brutkolonie gründen. Schon leichte Störungen bei der Auswahl der Nistplätze können die mehrtausendköpfige Schar veranlassen, die Insel für Jahre zu verlassen.

Allgegenwärtig im Watt und unverwechselbar: der Austernfischer (vorhergehende Doppelseite). Bei auflaufendem Wasser pickt er gezielt nach Miesmuscheln, die sich bereits geöffnet haben. Die Küken verlassen sich auf ihr Tarngefieder und verharren bewegungslos.

Die Zwergseeschwalbe, die kleinste heimische Seeschwalbenart, trägt eine weiße Stirnbinde, und der gelbe Schnabel ist an der Spitze schwarz. Die Zahl ihrer Brutpaare hat in den letzten Jahren stark abgenommen. Zwergseeschwalben können sich wegen ihrer geringen Größe gegen natürliche Feinde nicht so wirkungsvoll zur Wehr setzen wie andere Vogelarten. Sie setzen auf Tarnung: Ihre Gelege bebrüten sie in Sand- oder Muschelschill-Flächen, die geringfügig über der Hochwasserlinie liegen. Die flachen Nestmulden fallen kaum auf, und die Eier sind nur schwer von den umliegenden Muschelschalen zu unterscheiden, so daß sie für die meisten Räuber unentdeckt bleiben. Doch ungestörte Strandbereiche, auf denen Zwergseeschwalben brüten könnten, gibt es nur wenige. Touristen sind in der Brutzeit allgegenwärtig. Und wenn im Juni die Flut hoch aufläuft, der Wind längere Zeit aus Nordwest weht, drohen die Strände überspült zu werden, und mit ihnen die Nester der Zwergseeschwalben. Die Brut wird vernichtet, und die Gelege versanden - natürliche Vorgänge, so traurig sie auch sein mögen.

Mit ihrem leicht aufwärts gebogenen Schnabel durchstreifen Säbelschnäbler den wässerigen Schlick. Als Nestflüchter gehen die Küken ohne Anleitung der Eltern auf Nahrungssuche. Wenn es zu kalt wird, wärmen sie sich im Bauchgefieder des Alttieres. Die Geschlechter paaren sich meist im flachen Wasser.

„Verzweifelt“ versucht der kleine Sandregenpfeifer sich in die Luft zu erheben, schlägt immer wieder mit der gebrochenen Schwinge, läuft wenige Meter, bleibt stehen, kommt wieder angerannt und beginnt sein Spiel von vorn - bis er plötzlich davonfliegt. Der lahme Flügel, der so mitleiderregend herunterhing, war vorgetäuscht. Ein raffiniertes Manöver des Sandregenpfeifers, um Feinde vom Gelege fortzulocken, zu verleiten, wie Vogelkundler sagen. Auch Austernfischer und Säbelschnäbler verleiten ihre Feinde, doch keiner so perfekt wie der Sandregenpfeifer. Wie Zwergseeschwalben hat er den Strand als Brutrevier auserkoren. Da Sandregenpfeifer häufig ein zweites Mal brüten, wenn die Jungen der ersten Brut flügge sind, kann man noch Mitte August verleitenden Altvögeln begegnen.
Austernfischer sind fast allgegenwärtig im Watt, stochern überall herum, rasten in größeren und kleineren Trupps und sind von jedem schon von weitem zu erkennen: Das Gefieder ist schwarzweiß, die Beine blaßrot und tiefrot der Schnabel. Ohne Zweifel sind Austernfischer die Charaktervögel des Wattenmeeres! Sie brüten auf

Salzwiesen, Dünen und Sandplaten. 39.000 Brutpaare wurden 1991 gezählt. Bis zu vier Eier werden in einer Bodenmulde abgelegt, beide Eltern bebrüten das Gelege. Die Jungvögel flüchten schon nach einem Tag aus dem Nest und sind fünf Wochen später flügge. Zu den Brutpaaren im Wattenmeer gesellen sich im Sommer unzählige aus ganz Europa und Asien. Ab August sammeln sie sich zu riesigen Rastschwärmen. Bis zu einer halben Million Austernfischer können sich an einem Tag im gesamten Wattenmeer aufhalten. Und viele bleiben auch im Winter hier. Erst anhaltende Kälte zwingt sie, nach Frankreich und Afrika zu ziehen. Schaut man Austernfischern genau auf den Schnabel, erkennt man, was sie fressen. Austernfischer, die Muscheln fressen, haben einen stumpfen, massiven Schnabel. Sie zertrümmern die Schale mit der Schnabelspitze, die folglich immer kürzer wird. Lang und spitz sind die Schnäbel der Austernfischer, die nach Würmern im Schlamm stochern. Und wenn die Lieblingsspeise knapp wird, stellt sich der Austernfischer um. Der Hornschnabel wächst in wenigen Wochen nach, und der „Hämmerer" kann nach Würmern picken.

Austernfischer sind ausgesprochen ruffreudig, in der Balz- und Brutzeit mehr denn je. Stark erregt halten sie regelrechte Trillerturniere ab, wobei die Kontrahenten umeinander trippeln, den geöffneten Schnabel zum Boden senken und in rascher Folge ihr „Kewick-Kewick“ rufen. Andere Austernfischer fallen mit ein, die lärmenden Vögel rennen erregt hintereinander her, bis sie plötzlich auffliegen und in der Luft ihr Geschrei fortsetzen. Und ebenso plötzlich wie sie angefangen haben, stieben alle Beteiligten auseinander und verstummen. Ob das Trillern aber zur Balz gehört oder zum Brut- oder Revierverhalten, ist unbekannt.
Die Beine lang und blaugrau, schwarzweiß das Gefieder, dazu ein zierlicher, aufwärts gebogener Schnabel: Säbelschnäbler sind in ihrem Aussehen unverkennbar. Unermüdlich staksen sie durch flache Wattpfützen, bewegen ihren Schnabel flach über den Boden, erst links, dann rechts. Auf diese Weise durchsieben sie den wäßrigen Schlick. Die Ränder des Säbelschnabels sind äußerst tastempfindlich; stoßen sie gegen etwas Freßbares, schnappt der Vogel zu. Ob Ringelwurm oder

Die Lufthoheit über dem Wattenmeer haben Seeschwalben und Möwen. Am Flugbild kann man sie unterscheiden: schlanke, spitz auslaufende und leicht abgwinkelte Schwingen kennzeichnen Seeschwalben wie Zwergseeschwalbe (Mitte oben) und Küstenseeschwalbe (Mitte unten). Breiter und gedrungen wirken die Flügel von Silbermöwe (rechts oben) und Lachmöwe (rechts unten).

Schlickkrebs - die Beute wird aus dem Schlick gezogen, größere Happen im Wasser gespült und in den Schlund befördert. Säbelschnäbler folgen dem ablaufenden Wasser. Nur wenn das Watt leicht mit Wasser bedeckt ist, können sie den nassen Schlick durchsäbeln. Sobald der Schlamm abtrocknet, wird er für ihre Fangtechnik zu zäh. Ideale Brutreviere für Säbelschnäbler sind die ausgedehnten Wiesen außendeichs in Salz- und Brackwasserbuchten. Dort hat sich ihr Bestand in den letzten Jahren sogar vergrößert. Das Gelände ist übersichtlich, niedrig bewachsen, wie Säbelschnäbler es für ihr Nest bevorzugen. Sagt Säbelschnäblern das Gelände zu, finden sich mehrere Paare, die in lockerer Kolonie zusammen brüten. Säbelschnäbler sind gesellig; in einer Brutgemeinschaft ist immer etwas los. Hocken die einen noch auf dem Nest, werden in der Nachbarschaft schon die Jungen geführt. Während dort ein Männchen seine Partnerin begattet, schlagen sich anderswo zwei Kontrahenten die Flügel um die Ohren, springen sich an, die Beine lang vorgestreckt, um den Gegner aus dem Revier zu vertreiben. Woanders sammeln sich mehrere Paare zum sogenannten Gruppentanz und formen einen Kreis. Dicht an dicht stehen die Partner, einige Vögel neigen den Kopf, strecken den Schnabel zur Kreismitte und stapfen auf der Stelle. Unter lautem Gezeter schreiten sie nebeneinander her, verbeugen sich ständig und schütteln die Schnäbel. Und ebenso plötzlich, wie der Kreis sich gebildet hat, löst er sich wieder auf.
Wo Säbelschnäbler brüten, ist das Schlickwatt nicht weit. Dorthin werden die Küken geführt, in ein Schlaraffenland mit Unmengen von Kleintieren. Wie die Altvordern beginnen auch die Jungen bald, sich mit Hilfe ihrer feinen, aufgebogenen Schnäbel

satt zu „säbeln“. Trotz ihres flauschigen Dunenkleides sind die Küken in den ersten Lebenstagen empfindlich und kühlen schnell aus. Ist es zu kalt, suchen sie Unterschlupf im Gefieder der Eltern. Ein eigentümliches Bild: Die Kleinen stehen unter dem Bauch des hingekauerten Altvogels, wohl geborgen unter den Flügeln, wobei nur die kurzen Beinchen aus dem aufgeplusterten Gefieder herausragen. Die Jungen werden vom ersten Tag an von den Eltern geführt, bewacht, gewärmt und gegen Eindringlinge und Angreifer verteidigt; versorgen müssen sie sich selbst.
Im Herbst sammeln sich Tausende von Säbelschnäblern im Dollart und im Jadebusen, bis zu 40.000 insgesamt, rund die Hälfte des gesamten Bestandes in Mitteleuropa. Die Jungvögel wachsen heran und legen sich ein Federkleid wie das der Eltern zu. Die Alttiere füllen ihre Fettdepots und wechseln ihr Gefieder, um gestärkt nach Nordafrika und Südeuropa in ihre Winterquartiere fliegen zu können.
Silbermöwen finden überall Freß- und Verdaubares. Sie lernen schnell und können sich anpassen. Sie fressen Fische, junge Vögel, Würmer, Aas; auch Küken und Eier

Der rote Fleck am gelben Unterschnabel der Silbermöwe hat Signalwirkung für die Jungen, die sich unter dem Grasbult vor Feinden verstecken. Silbermöwen sind beim Nahrungserwerb anpassungsfähig und vielseitig. Diese schnappen den Robben in einem Zoo die Futtermakrelen vor der Nase weg.

Die Sturmmöwen geben bei der Brutplatzwahl den Silbermöwen möglichst aus dem Weg.

von Artgenossen sind nicht sicher vor ihnen. Sie begleiten Fähren und Fischkutter und fressen mitunter Brotstücke aus der Hand. Silbermöwen brüten in großen Kolonien mit zum Teil mehr als 10.000 Brutpaaren - wahre Möwenkleinstädte, in denen andere Arten es schwer haben, ihre Jungen großzuziehen. 90.000 Brutpaare sind es im ganzen Wattenmeer. Hauptbrutplätze sind Inseln und Halligen, die größten Kolonien sind im Westen, auf Vlieland und Terschelling in Holland, auf Memmert und Mellum. Die Nester werden in Dünenlandschaften angelegt, die Gelege agressiv verteidigt durch Sturzflugangriffe auf den vermeintlichen Feind. Silbermöwen sind zunächst braungefleckt, werden nach fünf bis acht Wochen flügge, bleiben aber in der Nähe des Nestes. Erst im vierten Lebensjahr legen sie das typische Möwenkleid an: weißleuchtendes Gefieder und silbergraue Flügeldecken mit schwarzen Spitzen. Der Schnabel ist jetzt gelb mit einem roten Fleck am Unterschnabel. Der Verhaltensforscher Niko Tinbergen fand heraus, daß die Jungen gleich nach der Geburt gezielt nach dem markanten Fleck picken - ohne jemals einen Schnabel gesehen zu haben. Der Fleck wirkt als Signal, das Picken ist angeboren, ebenso wie die Reaktion der Alten, das Futter hervorzuwürgen und den Jungen kleine Nahrungsbrocken vorzuhalten. Mit den Silbermöwen eng verwandt sind Herings- und Mantelmöwen, auch sie tragen den roten Schnabelfleck. Die Heringsmöwe kommt etwas

Im ablaufenden Wasser eines Priels lauern die Silbermöwen auf Beute, haben sie es auf den Nachwuchs von Seeschwalben abgesehen, bekommen sie es mit den wehrhaften Altvögeln zu tun.

kleiner daher und läuft auf gelben Beinen. Gern brütet die Silbermöwe mit ihnen gemeinsam in einer Kolonie, Irrtümer bei der Partnerwahl mit eingeschlossen. Es kann vorkommen, daß sich eine Silber- mit einer Heringsmöwe vermählt – und mit Erfolg. Aus den Eiern schlüpfen Mischlinge, ein Indiz für die enge Verwandtschaft der Arten. Wie eine schlanke Silbermöwe erscheint uns die Sturmmöwe, doch ist sie deutlich kleiner als ihre Schwesterart. Der Schnabel ist viel zierlicher, gelbgrün wie die Beine. Im letzten Jahrhundert galt die Sturmmöwe als Charaktervogel für die Ostsee. Erst in diesem Jahrhundert wanderte sie ins Wattenmeer ein. Derzeit brüten bereits mehr als 6.000 Paare im Wattenmeer, hauptsächlich auf Inseln wie Texel und Amrum. Sie nisten auf Graudünen mit flacher Pflanzendecke. Doch halten sie sich fern von den Silbermöwen, die sie als Räuber ihrer Eier und Jungen fürchten. Kennzeichen der Lachmöwe ist der braune Kopf während der Brutzeit (im Winter wird er hell, und es bleibt nur ein Fleck hinter den Augen zurück), dazu der dunkelrote Schnabel und die schwarzroten Beine. Mit knapp 130.000 Brutpaaren ist die Lachmöwe der häufigste Brutvogel im Wattenmeer. Das war nicht immer so. Erst seit 1940 begann die Lachmöwe das Wattenmeer zu erobern. Und von 1965 bis 1990 hat sie ihre Zahl verzehnfacht. Die Ursachen für den Siegeszug: Im Wattenmeer fanden die Lachmöwen geschützte Gebiete vor, ohne Räuber wie Fuchs und Marder. Wichtiger dürfte die Zunahme an Futter sein, vor allem von Ringelwürmern im Watt. Diese wiederum haben sich vermehrt, weil das Wattenmeer immer mehr mit Nährstoffen belastet wird.

Unter den Greifvögeln haben nur echte Bodenbrüter eine Chance im Wattenmeer, also Weihen und Sumpfohreulen. Der Bestand der Kornweihen hat sich vergrößert, insbesondere auf den Inseln. Und die Sumpfohreulen brüten ohnehin am liebsten dort, wo sich ihre Lieblingsnahrung tummelt: Mäuse. Ausgewachsene Vögel im Wattenmeer brauchen Greife nicht zu fürchten. Das mitunter harte Klima und das Nahrungsangebot regeln ihre Bestände. Ein intaktes Wattenmeer bedarf dabei keinerlei Eingriffe durch den Menschen.

Von Robben und Walen - Säugetiere im Watt

Die „Südfall“ nimmt Kurs auf den Knobsand, fünf Seemeilen nur von Sylt entfernt. Rund 15 Hektar groß, ist der Haufen Sand am Rande des Wattenmeeres eine Attraktion. Bis zu 1200 Seehunde wurden hier im März schon gezählt, dazu mehrere Dutzend Kegelrobben - Rekord im internationalen Wattenmeer. Was den Knobsand unter Seehunden so begehrt macht? Man weiß es nicht. Auch die Biologen, mit denen ich auf der „Südfall“ fahre, können nur spekulieren: Gute Fischgründe in der Nähe vielleicht? Wir nähern uns dem Ziel, der Kapitän drosselt den Motor, eine Vorsichtsmaßnahme, um die Tiere nicht von der Sandbank zu treiben. Der Anblick ist überwältigend: Vier- bis fünhundert Seehunde räkeln sich heute auf dem Sand, hinter- und nebeneinander, jung an alt. Alle liegen mit dem Kopf zum Wasser, allzeit bereit, den Liegeplatz durch Flucht zu verlassen.

Die Seehund-Liegeplätze auf dem Knob- und dem Jungnamensand sind eine der Attraktionen im Nationalpark Schleswig-Holsteinisches Wattenmeer. Sie sind zwar streng geschützt, doch dürfen sie im Rahmen von Ausflugsfahrten besucht werden. Seehunde sind beliebt bei Besuchern des Wattenmeeres, und ein Besuch der

Robbenbänke ist für viele ein Höhepunkt ihres Aufenthaltes im Nationalpark. Gleichwohl ist es erst in den letzten Jahren gelungen, einige unbekannte Facetten im Leben der Seehunde zu erforschen.
Als eine überdimensionale Zigarre mit einem Kopf ohne Hals wurde die äußere Gestalt eines Seehundes schon beschrieben. Da ist viel Wahres dran: Tatsächlich geht der Kopf ohne erkennbare Verengung in den Körper über. Wasser ist sein Lebenselement - das kann man deutlich am Körper des Seehundes erkennen. Der Leib ist drehrund und stromlinienförmig gebaut, die Vorderflosssen klein und kurz, die Oberarme sind im Rumpf einbezogen, allenfalls noch zum Steuern geeignet. Äußere Ohren fehlen, die Hoden liegen im Körperinneren, der Penis steckt in einer Art Hauttasche, auch die Zitzen der Weibchen fallen kaum auf - allesamt Anpassungen, um dem Wasser so wenig wie möglich Widerstand zu bieten. Die Hinterflossen treiben den Seehund an, wobei die Fußsohlen einander zugewendet sind. Alle Fußknochen sind durch derbe Schwimmhäute miteinander verbunden, das Ergebnis: äußerst wirksame Ruderflächen. Sie können einen 100-Kilo-Seehund mit

Große, schwarze Augen, ein sehnsuchtsvoller Blick - das macht Seehunde zu Sympathieträgern bei Urlaubern, zur beliebtesten Tierart im Wattenmeer.

Seehund-Mutter und -Junges schnäuzeln sehr häufig in den ersten Lebenstagen. Sie erkennen sich dabei auch am Geruch. Die Nabelwunde mit Resten derNabelschnur belegt: Der Seehund ist erst wenige Tage alt (Mitte). Vier Wochen lang werden Seehunde gesäugt und nehmen täglich etwa 800 Gramm zu.

35 Stundenkilometern durchs Wasser treiben. Bleibt der Pelz: Er erinnert an die Herkunft der Robben. Vermutlich stammen sie von marderartigen Landsäugern oder Bären ab. Doch ist das Fell mittlerweile ebenfalls ans Wasserleben angepaßt worden: Die Haare sind kurz und legen sich im Wasser glatt an die Haut, leisten also kaum Widerstand. Eine Unterwolle fehlt; das Fell allein kann den Seehund nicht vor Wärmeverlusten bewahren.

Diese Aufgabe hat der Blubber, eine bis zu zehn Zentimeter dicke Fettschicht.
Sie umhüllt den Seehund wie ein Mantel, Flossen und Kopf einmal ausgenommen. Mit Hilfe des Blubbers können Seehunde mehrere Wochen im Wasser leben, dort schlafen und fressen, ohne an Land zu kommen. Der Blubber wärmt, kann aber noch mehr: Er glättet und formt den Körper, so daß der Seehund widerstandsarm und geschmeidig durchs Wasser gleiten kann . Und er dient in nahrungsarmen Zeiten als Energiereserve. Auch trächtige Weibchen sind in der Lage, ihre Fettreserven aufzulösen. Die Weibchen fasten, wenn sie ihre Jungen säugen. Aus dem Speck wird durch Abbau energiereiche Muttermilch. Die Dicke der Speckschicht ändert sich also im Laufe eines Jahres. Sie schrumpft im Sommer und nimmt zum Winter wieder zu. Seehunde sind nicht auf die flachen Gewässer im Wattenmeer angewiesen. Diese sind ohnehin „säugetierfeindlich“ wegen der heftigen Strömungen von

Ebbe und Flut. Dennoch schwimmen Tausende von Seehunden im Frühjahr ins Wattenmeer, um wieder auf dieselben Sandbänke zu kriechen und sich dort hinzulegen. Der Grund: Wenn Seehunde ihre Jungen gebären und aufziehen wollen, müssen sie an Land. Die meisten Robbenarten nutzen zur Aufzucht ihrer Jungen strömungsarme, steile Küsten, entlegene Inseln oder die Eisränder von Arktis und Antarktis. Nicht so der Seehund: Er gehört zu den wenigen Meeressäugern, die den amphibischen Lebensraum Wattenmeer nutzen. Vollkommener als andere Robben ist der Seehund an das amphibische Leben im Meer angepaßt. Er kann gegen den Ebbstrom schwimmen, vom Meer ins Watt, um seine Liegeplätze aufzusuchen - und beim Auflaufen der Flut das Watt Richtung Meer verlassen, wieder gegen die Strömung. Kilometerlange Strecken kann er auf diese Weise zurücklegen, ohne zu ermüden. Die ideale Torpedoform, dazu der kraftsparende Antrieb über die Hinterflossen, machen den Seehund zum perfekten Tauchschwimmer. Dennoch ist das Gebundensein an Sandbänke gleichzeitig die Archillesferse der Seehund-Existenz. In Winter und Frühjahr müssen Seehunde genügend Speckreserven anlegen, um den Sommer im Watt zu überstehen. Über den Sommer wird ihre Speckschicht stetig dünner; erst ab Oktober nimmt sie wieder kräftig zu.

Im Frühjahr geht es los: Immer mehr Seehunde tauchen im Wattenmeer auf. Ihre Zahl steigt Mitte Juni noch einmal sprunghaft an, wenn die trächtigen Weibchen ins Wattenmeer strömen. Mitte Juni bis Anfang Juli werden die meisten Seehunde geboren, stets zu Beginn der Ebbe. Die Weibchen können den Zeitpunkt der Geburt bestimmen.

Die Jungen kommen im Seehundfell zur Welt. Es erlaubt ihnen, der Mutter sofort ins Wasser zu folgen. Zunächst muß sie die Nabelschnur durchbeißen, denn eine Sollbruchstelle wie bei anderen Säugern fehlt - ein Handicap mit Tragweite: Im Wasser geboren, könnte das Junge durch die schwere Nachgeburt an den Grund gezogen und ertränkt werden. Seehunde gebären daher ihren Nachwuchs nur an Land.

Das Säugen gelingt nicht auf Anhieb: Das Neugeborene muß die Zitze der Mutter mit kräftigem Druck der Schnauze aus der Hauttasche herausdrücken, wobei es sich mit den Vorderflossen im Sand abstützt - schwimmend im Wasser wäre das unmöglich. Also können die Seehundbabys mit Erfolg nur an Land gesäugt werden. Von Anfang an versucht das Junge immer dicht bei der Mutter zu bleiben und folgt ihr überallhin, ein angeborenes Verhalten. Überspült die Flut die Sandbank, robbt die Mutter ins Wasser, das Junge hinterher: Huckepack schwimmt es auf dem Rücken. Sie kontrolliert fortwährend, wo das Neugeborene sich aufhält, denn

groß ist die Gefahr, daß sich Mutter und Kind verlieren. Im Wasser ist das Junge unablässig Strömung, Wind und Wellen ausgesetzt. Im Kielwasser der Mutter gibt das Junge fortwährend Laute von sich. Das Frequenzmuster der Babyrufe ist von Tier zu Tier verschieden. So kann das Weibchen ihr Junges am Rufen erkennen. Vier Wochen wird der Seehundnachwuchs gesäugt. Die Babys wachsen rasch heran, dank der Seehundmilch, die aus bis zu 45 Prozent Fett besteht. Täglich nehmen sie rund 800 Gramm zu. Die Jungtiere müssen ihr Geburtsgewicht von sieben bis neun Kilo auf das 3,5fache steigern, um den kommenden Winter zu überleben. Ein großer Teil an Zuwachs wird in der Speckschicht angelegt. Nach der Stillphase verläßt die Mutter ihr Junges, das sich fortan um sich selbst kümmern muß. In den ersten Wochen versucht es Garnelen zu erbeuten - doch das will gelernt sein. 20 bis 40 Prozent an Gewicht verliert der junge Seehund, bis er die Fangtechnik beherrscht und sich selbst versorgen kann. Wer die ersten Monate übersteht, jagt bald nach kleineren Bodenfischen wie Grundeln, Aalmuttern und Steinpickern.

Sich räkeln, faulenzen und in der Sonne dösen ist typisch für junge Seehunde. Wird die Sandbank überflutet, folgen die Jungen ihren Müttern ins Wasser. Dabei schwimmt das Junge Huckepack auf dem Rücken der Mutter.

Im erwachsenen Alter frißt der Seehund mit Vorliebe Flundern, dazu Wittling, Seeskorpion, Stint sowie viele andere Fischarten. So ziemlich alles, was Seehunde überwältigen können, wurde auch in ihren Mägen gefunden, ganz gleich ob Hornhecht, Taschenkrebs, Nagelrochen oder Tintenfisch. Wendig und schnell sind sie in der Lage, fast jedes erspähte Meerestier nach Belieben zu packen. Seehunde können über und unter Wasser scharf sehen. Doch auch im trüben Wattwasser finden sie ihre Beute. Man weiß, daß Seehunde, vor allem nachts, Klick-Laute von sich geben, die im Ultraschall-Bereich liegen. Vielleicht orten sie ihre Beute mit Schall wie Wale und Fledermäuse, bewiesen ist es nicht. Wenigstens zwei Drittel ihrer Aufenthaltszeit auf der Sandbank verbringen ungestörte Seehunde mit Ruhen und Schlafen. Automatisch und in regelmäßigen Abständen öffnen sie ihre Augen, heben den Kopf und unterziehen ihre Umgebung einer Rundum-Kontrolle. Der Vorteil für das Rudel: Fast zu jeder Zeit ist ein Mitglied am Sichern, in größeren Kolonien auch mehrere. Diese Art von Frühwarnsystem funktioniert, ohne daß

Sind die Jungtiere etwas älter, wagen sie auch schon mal einen „Alleingang". Aber faulenzen und spielen, allein mit einer Feder oder gemeinsam mit Artgenossen, bleibt wichtiger Bestandteil des Tagesaublaufs.

sich die Mitglieder des Rudels verständigen müssen; und doch arbeiten alle zusammen. Seehunde suchen die Nähe ihrer Artgenossen, denn das Rudel garantiert ein hohes Maß an Sicherheit. An Land robben und sich ausruhen - das bietet Schutz vor Feinden im Meer, vorwiegend Haien und Schwertwalen, die fast überall vorkommen, wo Seehunde leben, ausgenommen im Wattenmeer. Sich einem Rudel anzuschließen, geht einen Schritt weiter: Die Gemeinschaft schützt vor Landfeinden, die in Urzeiten den Seehund bedroht haben, vor Fuchs und Bär etwa, aber auch vor Menschen.
Seehunde leben in offenen Gemeinschaften: Jeder kann kommen und gehen, wann er will. Zwischen den Rudelmitgliedern bestehen keinerlei Bindungen, von Mutter-Kind-Paaren abgesehen. Rangordnung, Rollenverhalten - das alles ist dem Seehund fremd. Nur eines ist ihm wichtig: Er möchte seine Ruhe. Kein Artgenosse darf ihm zu nahe kommen, Körperkontakt mag er nicht. Er beansprucht um sich herum „Ellenbogenfreiheit", die er gegen jeden Eindringling verteidigt. Alle

Rudelmitglieder „wissen“ um diese Privatzone und beachten sie. Die Seehunde liegen deshalb gleichmäßig verteilt auf der Sandbank und halten Abstand. So werden kraftraubende Konflikte weitgehend vermieden.
Distanzverhalten hilft also, den sozialen Frieden zu sichern. Das schließt Konflikte nicht aus. Wenn ein Seehund aus dem Wasser kommt, kann er in die Privatzone eines Rudelnachbarn geraten. Ist der Störenfried noch weiter entfernt, hebt der Platzhalter den Kopf und starrt mit weit geöffneten Augen zum Eindringling, fängt an zu knurren oder spreizt eine Vorderflosse seitlich ab. Robbt der andere dennoch näher, wedelt der Platzhalter, merklich erregt, in rascher Folge mit der Flosse. Kommt der Widersacher zu nahe, schlägt der Verteidiger gezielt einmal oder mehrfach zu. Er stößt mit dem Kopf. Spätestens jetzt reagiert der Eindringling mit einer Demutgebärde: Er wendet den Kopf zur Seite.
Warum reagieren Seehunde geradezu allergisch auf Nähe? Weil sie unbeweglich sind, vermuten Experten. Für Seehunde wäre es von Nachteil, bei Raumgefechten unnötig Kräfte zu verschleißen. Die werden noch gebraucht für Haarwechsel und Brunft, den wohl anstrengendsten Ereignissen im Seehundleben. Die Weibchen verlieren nach der Säugezeit das Interesse an ihren Jungen und wenden sich den Männchen zu. Erregt schwimmen diese vor der Sandbank auf und ab und „bullern“. Dabei lassen sie sich absinken und stoßen unter Wasser Luftblasenfontänen aus, was als blubberndes Geräusch zu hören ist. Rangeleien unter den Rüden sind an der Tagesordnung, wobei sie sich in wütende Beiß- und Kratzgefechte hineinsteigern können. Jeder der Kontrahenten ist bemüht, den Kopf oder Hals des anderen

zu packen und den Widersacher unter sich zu bringen. Wer es schafft, sich im Nacken des Rivalen festzubeißen und auf dem Rücken festzuklammern, geht als Sieger aus dem Kampf hervor. Die Raufereien im Priel gehen nicht immer unblutig ab. Je älter der Bulle, um so mehr Schrammen und Narben hat er an Hals, Nacken und Kopf. Auch die Paarung verläuft alles andere als bedächtig. Der Bulle versucht im Wasser, sich der ausgewählten Seehunddame zu nähern. Sie bemüht sich wegzuschwimmen, der Bulle hinterher. Taucht das Weibchen ab, folgt ihr der Bulle, immer im Rücken des Weibchens und sichtlich bemüht, näher zu kommen. Die Bedrängte dreht sich, schnappt nach dem Männchen und schießt davon.
Dieses Verfolgungsspiel wiederholt sich mehrmals, bis es dem Bullen gelingt, den Rücken des Weibchens zu erklimmen und sich festzuhalten. Beide rollen durchs Wasser, bis das Männchen die Partnerin mit einem Nackenbiß unter seine Kontrolle bringt. Zwei, drei Minuten treiben beide senkrecht im Wasser, ruhig und regungslos, den Nacken fest gepackt, bis plötzlich der Bulle kraftvoll zur Seite schnellt und sich zügig entfernt. Beide Geschlechter können sich mit beliebig vielen Partnern verpaaren. Und jeder geht danach seine eigenen Wege.
Einen Harem gründen, beaufsichtigen und verteidigen, wie viele andere Robbenarten es tun - dazu wären Seehunde gar nicht in der Lage. Sie müßten an Land

Fisch ist die Hauptbeute aller älteren Seehunde. Dieses Jungtier hat sichtlich Mühe mit der Makrele (links). Rangeleien unter Bullen sind in der Brunft der Weibchen üblich. Die Blutspuren an Hals und Nacken zeugen von den Beißgefechten (oben).

Gemeiner Augentrost (Euphrasia rostkoviana) und Hornklee (Lotus corniculatus). Die Lücken zwischen den höheren Pflanzen besetzen Moose und Flechten. Auf den West- und Ostfriesischen Inseln steht an den Südhängen der Weißdünen windgeschützt der Sanddorn (Hippophae rhamnoides). Bis zu zwei Metern Höhe wächst er dort heran. Neben ihm siedelt die Dünen-Kriechweide (Salix repens), die allenfalls Kniehöhe erreicht. Weithin leuchten im Herbst die orangefarbenen Beeren des Sanddorns, willkommene Bissen für durchziehende oder überwinternde Vögel. Sie sorgen dafür, daß der dornige Busch rasch verbreitet wird. Die Südhänge der Dünen leiten über zum Dünental, meist sind es feuchte bis nasse Senken. Sie können entstehen, wenn zwischen älteren Dünen der Wind angreift und den Sand bis auf den Grundwasserspiegel abträgt. Ausgedehnte Feuchtgebiete können so heranwachsen, die größten liegen zwischen Weiß- und Graudünen, so auf Amrum und Sylt, Borkum, Juist, Norderney, Baltrum und Langeoog.

Das feuchte Dünental hinter der Weißdünenkette ist ein Refugium für Pflanzenraritäten. Das Fleischfarbene Knabenkraut (links oben), eine Orchidee wie die Echte Sumpfwurz (links unten), wächst hier in Massen. Stellenweise häufig sind Rundblättriges Wintergrün (Mitte) und Sumpfherzblatt (rechts unten), beide auf dem Festland sehr selten.

Je nachdem wie entsalzt, entkalkt und versauert der Boden ist und wie hoch das Grundwasser ansteht, kann eine Vielzahl von Ökosystem-Typen heranwachsen: Strandseen, kleine Brackwassertümpel, Kalksümpfe, Nieder- und Zwischenmoore sowie Feuchtheiden. Hundert Jahre und länger kann es dauern, bis der Boden unter dem Trockenrasenbewuchs der Graudüne derart mager und sauer geworden ist, daß allmählich das Silbergras Fuß faßt. Die Silbergrasflur entsteht im Schutz der Südhänge und ist, in ausgeprägter Form, nicht eben häufig. Die Charakterpflanze der Pflanzengemeinschaft ist graubläulich gefärbt und wächst in lockeren Horsten. Bis zu einem halben Meter tief reicht das umfangreiche Wurzelwerk. Die Lücken bedecken Moos- und Flechtenarten, die außerordentlich beständig gegen Hitze und Trockenheit sind.
Erst wenn die Graudüne unter dichtem Rasen- und Moosbewuchs längere Zeit zur Ruhe gekommen ist, kann sich im Sand mehr Humus anreichern. Tonmineralien bilden sich, und Eisenhydroxide färben den Boden braun. Besenheide und

In Heide- oder Braundünen ist die Dünenrose zuhause (unten), auch die Arnika oder Bergwohlverleih kommt hier vor (Mitte). Das Silbergras siedelt auf den trockenen Südhängen der Graudünen, dazwischen gedeihen nur noch Moose, Flechten und das Berg-Sandglöckchen (rechts).

Krähenbeere wandern ein, es entsteht die Heidedüne, nach der Bodenfarbe auch Braundüne genannt.
Die Krähenbeere (Empetrum nigrum) besiedelt bevorzugt die Nordhänge, weil sie der Sonne abgewandt und daher feuchter und kühler sind. Dort kann der Zwergstrauch dichte, rasenartige Bestände bilden, in denen Tüpfelfarn (Polypodium vulgare), Sandsegge und die Vogelbeere (Sorbus aucuparia) vorkommen. In feuchteren Senken gesellt sich das Kleine Wintergrün (Pyrola minor) hinzu.
Im Schutz der Dünenketten lagert die Flut Schlick ab. Schlick wandert nicht, er klebt, weshalb ebene Flächen entstehen, auf denen der Wind den Flugsand vor sich hertreibt. Im Laufe der Zeit kann der Boden sich schichten: Schlicklagen wechseln mit Sanddecken, wobei sich Höhe und Zusammensetzung der Böden von Ort zu Ort sehr stark unterscheiden können. Auf dem Wattgürtel der Inseln, dem Rückseitenwatt, können Salzpflanzen Fuß fassen. Es entsteht der Inselheller, die Salzwiese der Düneninseln. Je nach Standort muß man unterscheiden:

Sandsalzwiesen liegen, von Dünen und Sandwällen geschützt, im Windschatten der Inseln; Vorlandsalzwiesen säumen die Küste vor dem Deich, und Ästuarsalzwiesen liegen im Mündungsbereich der Flüsse. Salzwiesen sind Urlandschaften, die ohne Einfluß des Menschen oberhalb der mittleren Hochwasserlinie entstehen können. Eine dynamische Landschaft also, auch sie geprägt vom Gezeitenrhythmus. Am weitesten wagt sich der Queller (Salicornia europaea) auf Vorposten: 40 bis 20 Zentimeter unter der Mittelhochwasserlinie. Prall und dickfleischig ist sein Sproß, dabei verzweigt wie ein Korallenbäumchen. Unscheinbar sind seine Blüten, die am Ende der Sproßachse in den Achseln der Blätter sitzen. Die Befruchtung findet unter Wasser statt. Im Herbst färbt er das Vorland orangegelb bis purpurrot, ein Zeichen für zu hohe Salzgehalte in den Zellen. Dann stirbt der Queller. Das muß so sein, weil die Samen erst freigesetzt werden, wenn die Pflanze verrottet. Jedes Jahr aufs neue muß der Queller seine Standorte erobern.

Seehunde fürchten die Nähe der Menschen und sind immer darauf bedacht, nahe an der Wasserkante zu liegen, um schnell flüchten zu können, wenn Ausflugsschiffe zu nah heranfahren (vorhergehende Doppelseite).

viel gewandter sein. So dürfte ihr Körperbau die Hauptursache dafür sein, daß Seehunde kein komplexeres Paarungssystem entwickelt haben. Hinzu kommt: Die Ruheplätze müßten so hoch liegen, daß die Flut sie nicht überspült. Im Wasser wäre es schier unmöglich, alle Weibchen eines Harems zu beaufsichtigen. Gefechte zwischen Rivalen, Verfolgungs- und Paarungsspiele - das alles zehrt an den Kräften. Dazu wird vor und während der Brunft auch noch der Pelz gewechselt, wobei beträchtliche Mengen an körpereigenem Material aufgebaut werden. Auch das erfordert Energie. Mit dem Haarwechsel ändert sich das Verhalten. Die Männchen liegen jetzt länger auf der Sandbank, während die Weibchen mehr Zeit auf See mit dem Fischfang verbringen. Vor allem für erwachsene Seehundweibchen ist der Sommer im Watt außerordentlich anstrengend. Während der Säugezeit schrumpft der Blubber rasch zusammen. Das Fett kommt als Milch den Jungen zugute. Je dünner die Speckschicht wird, um so höher ist das Risiko zu sterben. Tatsächlich werden in den Monaten August bis Oktober siebenmal mehr Weibchen tot an den Stränden gefunden als Männchen. Ausgerechnet die Haupturlaubszeit ist

also für Seehunde die schwierigste Phase in ihrem Lebenszyklus. Werden sie über Gebühr gestört, ist ihr Überleben infrage gestellt. Im Sommer 1998 wurden 14.000 Seehunde im Wattenmeer gezählt, darunter 2.700 Jungtiere. Das sind immerhin zwei Drittel mehr als vor dem großen Seehundsterben im Jahre 1988. Damals starben 60 Prozent des Gesamtbestandes von 8500 Tieren am heimtückischen Morbilli-Virus, kurz PDV-Virus, das dem Erreger der Hundestaupe ähnelt. Zehn Jahre danach: Es scheint, die Seehunde haben sich wieder erholt. Sie sind gut ernährt, offensichtlich frei von Krankheiten und Parasiten. Doch der Schein trügt: Vor allem Chlorkohlenwasserstoffe wie die Industriechemikalie PCB (polychlorierte Biphenyle) stehen im Veruf, die Widerstandskraft der Seehunde zu schwächen. Seehunde haben etwa 1.000 mal mehr PCB's im Fettgewebe als Robben in der Antarktis. Der holländische Seehundexperte Dr. Peter Reijnders fand heraus, daß PCB-belastete Robben weniger Vitamin A und Schilddrüsenhormon Thyroxin im Blut haben als unbelastete. Gerade Vitamin A spielt eine wichtige Rolle bei der Abwehr von Krankheitserregern wie Bakterien und Viren. Nicht PCB's allein wirken

Der Jungnamensand südlich von Amrum ist einer der größten Liegeplätze für Seehunde im gesamten Nordseeraum.

auf den Seehund und seine Meeresumwelt ein, sondern eine Vielzahl von Umweltgiften. Und hinter allen steht nur einer - der Mensch.
Kegelrobben: Durch das Tele erkenne ich die typischen Merkmale: die kegelartig verjüngte Schnauze, die fast parallelen Nasenschlitze. Träge, nahezu unbeweglich liegen sie an der Wasserkante. Ein Dutzend Tiere sind es, die sich auf dem Knobsand versammelt haben, Deutschlands einziger Wurfkolonie von Kegelrobben.
Die Männchen schimmern anthrazit bis schwarz mit etwas helleren Flecken; die Weibchen dagegen tragen ein helles Fell mit dunklen Abzeichen. Seit den sechziger Jahren werden Kegelrobben regelmäßig im Wattenmeer gesichtet, im Jahre 1983 wurde erstmals vermutet, daß sie sich im Wattenmeer vermehren. Doch erst im Jahre 1988 gelang der Nachweis, daß bei den Knobsänden ein Jungtier aufgezogen wurde. Seither wird die Entwicklung der Kolonie von Mitarbeitern der Schutzstation Wattenmeer beobachtet und registriert. Kegelrobben bewohnen die Küsten und Inseln auf beiden Seiten des Atlantiks, im Westen die Küsten Labradors, Neufund-

Die Fellfarbe der Kegelrobben-Geschlechter ist unterschiedlich: Hellgrau mit dunklen Flecken die Weibchen, dunkel mit hellen Flecken die Männchen (links). Kegelrobben fressen Fische, die sie mit ihren scharfen Krallen zerreißen (Mitte) oder im Ganzen verschlucken. Kleine Rangeleien unter Kegelrobben sind an der Tagesordnung (unten).

lands und der USA. Der ostatlantische Bestand umfaßt die britischen Inseln, die Faröer, Island und Norwegen, und ein dritter lebt in der Ostsee. Woher mögen die Kegelrobben vom Knobsand stammen? Von den britischen Inseln, Norwegen oder gar aus der Ostsee? Ein Teil dürfte mittlerweile das ganze Jahr im Wattenmeer verbringen, etwa 30 bis 40, vermutet Lothar Koch von der Schutzstation Wattenmeer. Sie bringen drei bis elf Jungtiere hervor, von denen im Mittel zwei Drittel überleben. Immer im Frühjahr wächst die Kolonie auf bis zu 88 Tieren an. Die Zuwanderer stammen vermutlich von den Britischen Inseln und schwimmen im Herbst wieder zurück.

In vorgeschichtlicher Zeit war die Kegelrobbe die häufigste Robbenart im Wattenmeer, wie Fossilien aus Siedlungen 1.000 bis 500 Jahre vor der Zeitwende belegen. Im Mittelalter müssen Kegelrobben und Seehunde etwa gleich häufig gewesen sein. So fand man bei Ausgrabungen der Lembecksburg auf der Insel Föhr rund tausend Jahre alte Knochenbruchstücke von 26 Seehunden und 20 Kegelrobben. Erst seit der Neuzeit haben Kegelrobben fortwährend abgenommen, während Seehunde immer mehr die Inseln und Küsten bevölkerten. In der ersten Hälfte unseres Jahrhunderts wurden Kegelrobben nur noch sporadisch gesichtet, gänzlich verschwunden sind sie allerdings nie. Im holländischen Wattenmeer lebt ein Gruppe von 90 Tieren bei Terschelling, und auch im niedersächsischen Wattenmeer werden regelmäßig Kegelrobben gesichtet.

Das Erstaunliche ist, die meisten Jungen werden bei Terschelling im Januar und Februar geboren, zur gleichen Zeit, wenn Kegelrobben in der Ostsee ihre Jungen bekommen. An den englischen Küsten kommen die Jungen im Herbst zur Welt. Stammen die holländischen Tiere also aus der Ostsee? Sicher weiß man nur, daß einige Tiere von den britischen Farne-Inseln stammen müssen; sie trugen Farbmarken. Die schleswig-holsteinischen Artgenossen bekommen zwischen Mitte November und Ende Dezember ihren Nachwuchs - zur Wurfzeit der Kegelrobben im Süden Norwegens. Für den Nachwuchs ist das Risiko ohnehin groß, im kalten Wasser umzukommen. Die Jungen tragen nach der Geburt noch ihr weißes Embryonalfell, das sie nach etwa vier bis sechs Wochen wechseln. Zwar können sie damit durchaus schwimmen, schwierig wird es jedoch, wenn das Wasser

besonders kalt ist und die Wurfplätze unmittelbar nach der Geburt überschwemmt werden. Bis zu 75 Mal wird der Jungnamensand in der Wurfperiode von November bis Dezember überflutet. Die Weibchen versuchen ihren Nachwuchs in Sicherheit zu bringen. So wurde bereits auf dem Amrumer Kniepsand ein Weibchen mit säugendem Jungtier beobachtet. Im Winter 1992 kam dort sogar ein Kegelrobbenjunges zur Welt. Doch Spaziergänger und freilaufende Hunde zwangen die Kegelrobben wieder ins Wasser. Mitarbeiter der Schutzstation Wattenmeer bemühen sich seither darum, die Jungtiere weiträumig abzusperren, um sie so vor zudringlichen Touristen zu schützen. Doch muß bezweifelt werden, ob diese Methode genügt, um die Kegelrobben auf dem Amrumer Kniepsand frei von Störungen zu halten. Neugeborene Kegelrobben sind bis zu einem Meter lang, aber nur runde zehn Kilo schwer, also auffallend schlank und schmächtig. Rund drei Wochen werden sie von den Weibchen gesäugt und nehmen in dieser Zeit erstaunlich an Umfang zu, kaum an Länge. 1,5 bis 2 Kilo Gewicht legt ein Kegelrobbenjunges am Tag zu. In den ersten Lebenswochen verbringen die Mütter einen Großteil des Tages im Wasser und kommen nur an Land, um ihre Jungen zu säugen, seltener um sich auszuruhen. Am Ende der Stillphase bringt ein Kegelrobbenjunges runde 40 Kilo auf die Waage. Dann läßt die Mutter es am Geburtsort zurück, um sich mit den Bullen zu paaren. Die Jungen wechseln nach und nach ihr Haarkleid und beginnen mit ihren ersten Jagdversuchen. In dieser Zeit müssen sie von den Fettreserven zehren. Einmal ausgewachsen, können Kegelrobbenbullen bis zu 300 Kilo wiegen bei einer Länge von 2,3 Metern. Sie übertreffen die Weibchen deutlich an Größe und Gewicht. Bleibt festzuhalten: Seit der Vetreibung der Kegelrobben im Mittelalter hat sich die Lage nicht grundsätzlich verbessert. Den gefährdeten Tieren geeignete Wurf- und Rastplätze zuzustehen, scheitert bisher am Eigennutz der örtlichen Bevölkerung, die diese lieber für eigene Interessen nutzt wie Sport und Erholung - dem Nationalpark zum Trotz.

„Sobald das Schiff ausgelaufen ist, sammeln sich drei bis sechs Braunfische in einer Entfernung von zehn bis fünfzehn Metern um dasselbe und folgen ihm nun oft über eine Meile ununterbrochen nach, tauchen, schwimmen unter dem Kiel des Fahrzeuges durch, erscheinen wieder, eilen voraus, beschreiben einen Bogen und kehren von neuem zum Schiff zurück…" - eine friedliche Idylle! Diese Begegnung mit den seltsamen Braunfischen, 1915 in Brehms Tierleben veröffentlicht, fand im Wattenmeer statt. Braunfisch, Meerschwein oder Schweinsfisch hießen seinerzeit die Schweinswale. Sie haben weder mit Fischen noch mit Schweinen etwas gemein. Schweinswale gehören zu den Zahnwalen, sie werden kaum länger als 1,80 Meter bei einem Gewicht von 40 bis 70 Kilo. Das alles wäre nicht weiter spannend, wäre der Schweinswal nicht der bei weitem häufigste Wal an Ost- und Nordseeküste und der einzige, der im Wattenmeer heimisch ist. Zum natürlichen Lebensraum der Schweinswale gehören küstennahe Schelfmeere und Flußmündungen. So ist es nicht ungewöhnlich, wenn sie die Elbe hochschwimmen und dabei bis in den Hamburger Hafen vordringen - geschehen im Jahr 1988. Es gilt, zumal unter Experten, als ausgemacht, daß Schweinswale an bundesdeutschen Küsten in den zurückliegenden Jahrzehnten rapide abgenommen haben. Daß sie auch heute noch im Wattenmeer leben, weiß man aus Funden toter Tiere, die immer wieder an den Strand gespült werden - an der Nordseeküste Schleswig-Holsteins allein 10 bis 20 Schweinswale im Jahr. Früher glaubte man, sie würden das Wattenmeer im Herbst und Winter verlassen - ein Irrtum, wie sich herausgestellt hat: Seit 1988 halten jede Woche Mitarbeiter der Schutzstation Wattenmeer und Freiwillige an

An den Flossen knabbern, sich kratzen, strecken und gähnen gehört zum Konfortverhalten von Kegelrobben, dient also der Körperpflege und Entspannung der Muskeln.

18 Punkten der Westküste von Sylt Ausschau nach den Kleinwalen. Das Ergebnis der Mühen: Das ganze Jahr werden Schweinswale gesehen, häufig zu zweit. Im Winter und in den Monaten Mai und Juni werden besonders viele Zweiergruppen gesichtet, meistens Mutter-Kalb-Paare. Mütter mit ihren Kälbern sind eng miteinander verbunden. Von Mai bis Juli werden die meisten Schweinswale geboren, wie man aus Strandfunden weiß. In dieser Zeit werden mehr tote Jungwale gefunden, die zum Teil noch Reste der Nabelschnur tragen. Und viele Kadaver in dieser Zeit sind auffallend gut erhalten. Also halten sich Schweinswale in der Nähe des Wattenmeeres auf, wenn sie ihre Jungen gebären wollen.
Die Gewässer vor Sylt und Amrum sind also eine wichtige Kinderstube der Schweinswale. Aus Flugzählungen weiß man, daß hochgerechnet 6.000 Schweinswale hier leben und hier dreimal mehr Jungtiere geboren werden als in anderen Nordseegebieten. Schweinswale sind scheu und schreckhaft und halten Abstand zu Schiffen. Deshalb ist es nicht gerade einfach, das Leben dieser Kleinwale zu

Schweinswale haben keinen Schnabel wie viele Delphinarten, ihr Kopf ist kurz und abgerundet, arttypisch ist die Rückenflosse: nicht sehr hoch, dafür setzt sie breit am Rücken an. Vieles aus dem Leben der Schweinswale hat man aus Strandfunden erfahren.

erforschen. Immerhin kann man sie im Freiland leicht erkennen. Ihr Kopf ist relativ kurz und abgerundet, die Stirn schräg. Schweinswalen fehlt der „Schnabel", den viele Delphinarten mit ihren stark verlängerten Unter- und Oberkieferknochen haben. Die Rückenflosse ist relativ klein, nicht allzu hoch, dafür setzt sie sehr breit am Rücken an. Sie ähnelt mitunter einem flachen Dreieck. Rücken und obere Seiten der Schweinswale sind bräunlich bis schwarz gefärbt, wobei die dunkle Farbe am Vorderkörper allmählich in die weiße Bauchfarbe übergeht. Am Hinterkörper sind die weiße Unterseite und der dunkle Rücken scharf voneinander abgegrenzt. Schwanzfluke und Vorderflossen, die Flipper, sind gleichfalls dunkel. Ganz im Gegensatz zu anderen Walarten sind Schweinswale nicht gerade gesellig. Meist schwimmen die Tiere allein oder zu zweit.

Walbabys kommen in Steißlage zur Welt: Zuerst erscheint der Schwanz, zuletzt der Kopf - eine Anpassung an das Leben im Wasser. Mit 70 bis 90 Zentimetern sind die Jungwale schon halb so lang wie die Eltern, wiegen allerdings nur fünf bis acht Kilogramm. Sie wachsen schnell heran, nach fünf Monaten sind die Kleinen bereits 25 Kilogramm schwer. Dafür sorgt die nahrhafte Milch der Walkuh, die viel Fett enthält, dafür wenig Wasser und Milchzucker. Das Walbaby braucht nicht an der Milchdrüse zu saugen: Die Mutter spritzt die Milch direkt in den Mund ihres Babys, damit es kein Wasser zu schlucken braucht.

Acht Monate stillt die Schweinswalkuh ihr Junges. Im Frühjahr des Jahres nach der Geburt ist das Junge soweit, allein nach Beute zu jagen. Schweinswale fressen Fische: Hering, Makrele, Wittling und Kabeljau vor allem, aber auch Kleinfische wie Sandaale und Sprotten verschmähen sie nicht.

Wichtig für Schweinswale sind jedoch Heringe und Makrelen, denn sie haben einen hohen Fettanteil, mithin großen Nährwert. Die Hälfte und mehr aller Fische, die man in den Mägen toter Schweinswale gefunden hat, waren Heringe und Makrelen. Nun sind gerade diese beiden Nutzfischarten in den sechziger Jahren

In der Nordsee leben 20 Kleinwalarten; Weißschnauzendelphine, Weißseitendelphine und Große Tümmler werden regelmäßig auch im Wattenmeer gesehen. Im Jahre 1996 trieben 16 Pottwale tot an den Strand der dänischen Wattenmeerinsel Rømø, ein trauriger Rekord einer ganzen Serie von Strandungen. Vermutlich gerieten sie irrtümlich in die Nordsee, weil sie in Höhe der Orkney- und Shetland-Inseln von Probesprengungen irritiert wurden.

stark überfischt worden. Und bis heute haben sich die Bestände nicht erholt. Sicher sind die Schweinswale in einigen Regionen der Nordsee auf fettärmere Fischarten ausgewichen. Doch je geringer der Nährwert der Beutefische ist, um so länger müssen Schweinswale jagen. Rund 12 Stunden am Tag suchen Schweinswale nach Nahrung; trächtige Muttertiere, die womöglich noch ein Junges stillen, brauchen bis zu 17 Stunden, um satt zu werden. Schlechte Nahrung oder Nahrungsmangel können dazu führen, daß Muttertiere ihr Junges tot gebären, um zu überleben. Schweinswale geraten immer wieder in Stell- und Treibnetze, verheddern sich und gehen jämmerlich zugrunde. Bis zu 10.000 Schweinswale sollen in der gesamten Nordsee in Fischernetzen umkommen - in jedem Jahr. In den Beifang deutscher Fischer geraten hochgerechnet 30 bis 110 Schweinswale, doch dürfte die Dunkelziffer erheblich höher liegen.
Als Beutegreifer stehen Schweinswale am Ende der Nahrungskette. In ihrem Fettgewebe reichern sich Schadstoffe an, allen voran die Industriechemikalie PCB. Ein Kilo Schweinswalspeck enthält heute zehn bis 150 Millionen mal mehr polychlo-

rierte Biphenyle als das Meerwasser, in dem er lebt. Muttertiere, die Junge säugen, bauen Fette ab, wobei PCB's mit der Milch auch in die Walbabys gelangen. Man weiß, daß hohe PCB-Gehalte bei Meeressäugern die Fruchtbarkeit stören. Womöglich leiden auch Schweinswale darunter. Schweinswale betreiben Schallortung. Sie stoßen Ultraschallaute aus, deren Echo sie auswerten. Fremdgeräusche können sie stören. Einige Forscher vermuten, daß Schweinswale in unseren Küstengewässern seltener geworden sind, weil dort der Schiffsverkehr zugenommen hat. Insbesondere die Motoren schneller Motorboote erzeugen Geräusche mit Frequenzen bis zu 50.000 Hertz, die Schweinswale am besten hören. Seit langem ist der Schweinswal gesetzlich geschützt. Er darf weder gejagt noch gefangen werden. Das alles hat wenig geholfen, denn es mangelt bis heute an geeigneten Maßnahmen. Bleibt zu hoffen, daß es in Zukunft gelingt, die Gewässer vor der Sylter Westküste zu einem Walschutzgebiet auszuweisen, eine längst überfällige Maßnahme, um dem"kleinen Wal in großer Not" hierzulande wirksam helfen zu können.

Von Mikrobenmatten und Salzwiesen - Pflanzen im Watt

Samtbraun und schmierig glänzen die Sandrippeln in der Sonne, überzogen von einer Schicht aus Kieselalgen. Myriaden von ihnen können das Watt mit einer Tapete aus Schleim und Zellen überziehen. Die Einzeller sind in der Lage, sich frei im Watt zu bewegen, sie wandern nach oben, wenn die Flut sie versandet, oder verkriechen sich, wenn es dunkel wird. Bis zu einer Million Kieselalgen können einen Quadratzentimeter Watt besiedeln. Mehrere hundert Arten sind auf Wattböden gefunden worden. Allen Kieselalgen gemein ist, daß ihre Zellwand aus Salzen der Kieselsäure aufgebaut ist. Die Schale besteht aus zwei Hälften, die wie Boden und Deckel einer Schachtel miteinander verbunden sind. Von Art zu Art verschieden sind Form, Symmetrie und Feinstruktur der Schachtel. Sind die Lebensbedingungen im Watt günstig, teilen sich Kieselalgen einmal am Tag. Zweiteilung ist ihre Art, sich ungeschlechtlich zu vermehren, sie können sich aber auch geschlechtlich fortpflanzen. Im Zellsaft der Alge liegen Chromatophoren. Sie enthalten die Farbstoffe Chlorophyll a und Fucoxanthin, mit deren Hilfe die Alge Photosynthese betreibt, also mit Hilfe von Sonnenlicht

aus Wasser, Kohlensäure und organischen Salzen Reservestoffe aufbaut. Höhere Pflanzen speichern Stärke als Energiereserve; Diatomeen lagern den Zucker Chrysolaminarin und Öltröpfchen in der Zelle ab. Das Öl enthält bestimmte Geruchsstoffe. Sie sind verantwortlich für den typischen Modergeruch, der an warmen Sommertagen über dem Watt liegt.
Kieselalgen stehen am Anfang aller Nahrungsketten im Ökosystem Wattenmeer, sie sind Primärproduzenten organischer Substanz. Günstige Bedingungen vorausgesetzt, erzeugen Kieselalgen rund 250 Gramm trockener Algenmasse auf einem Quadratmeter im Jahr, etwa 2,5 Tonnen auf einem Hektar Watt. Diatomeen erschaffen den Löwenanteil der Biomasse, die das Watt insgesamt hervorbringt. Wenn die Flut einsetzt oder es dunkel wird, verkriechen sich die beweglichen Bodenkieselalgen im Sediment. Ihr Tagesablauf wird vom Rhythmus der Gezeiten und vom Tag-Nacht-Wechsel gesteuert.
Ganz anders verhalten sich die Bewohner des Farbstreifen-Sandwatts, ein System verschiedener Mikrobenmatten, dünn wie Papier, die gelb, grün, rot

Der Wind ist eine gestaltende Kraft im Wattenmeer. Er legt Muschelschalenreste frei (Mitte) und läßt Dünen entstehen, die der Strandhafer festhält. Eine geschlossene Pflanzendecke hält Feuchtigkeit im Boden, die abends als Nebel emposteigt (rechts).

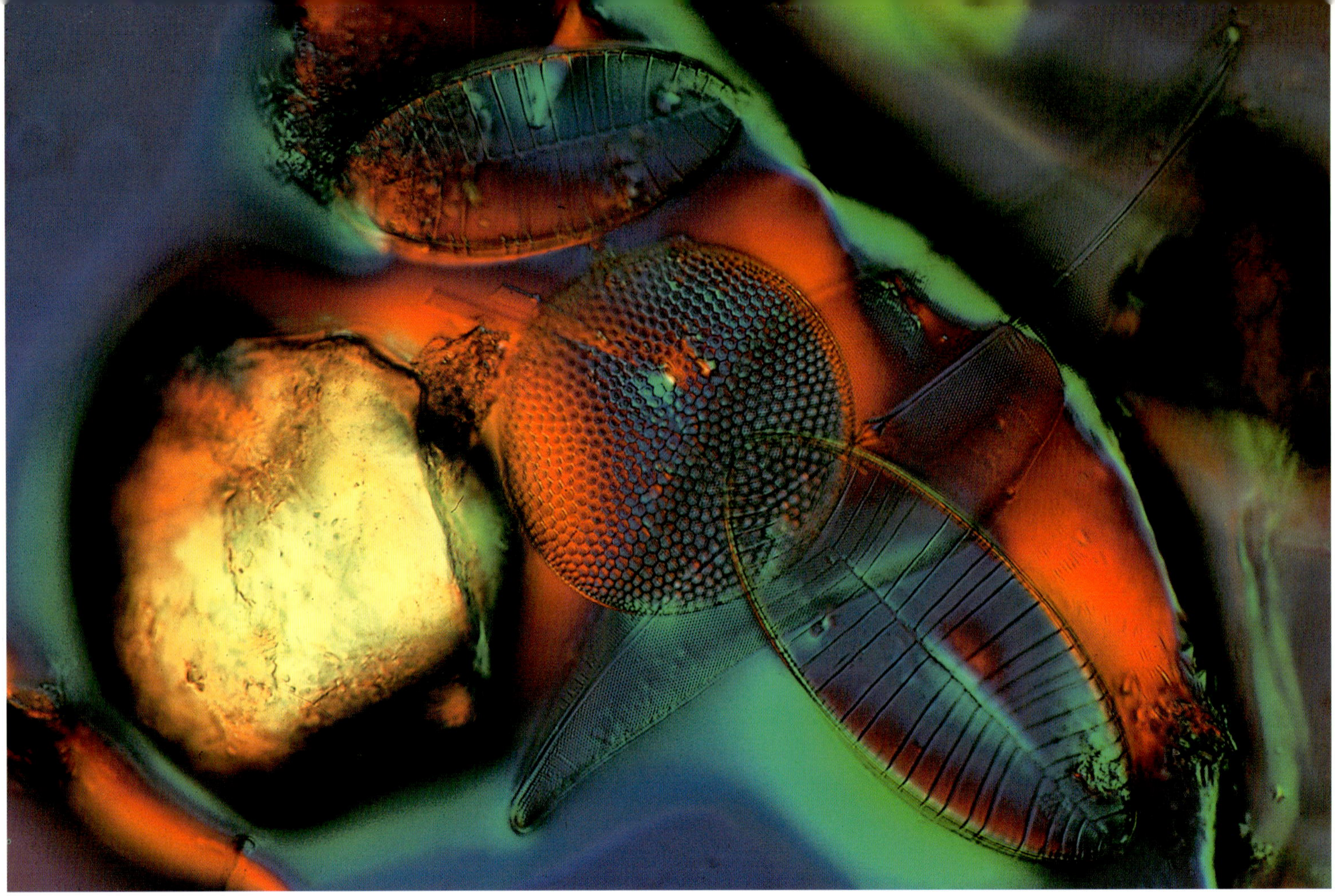

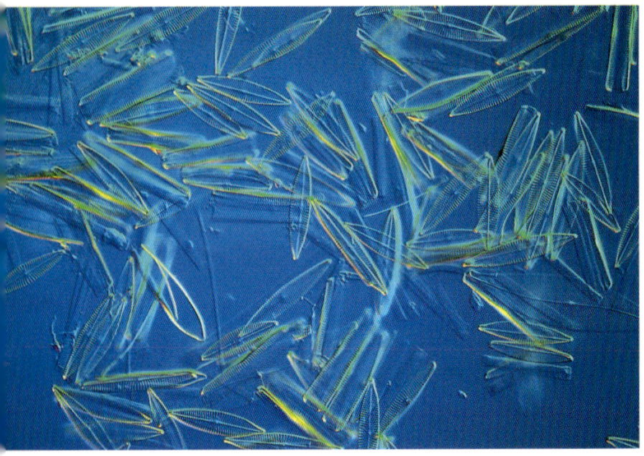

und schwarz gefärbt sind. Jede Schicht wird von verschiedenen Bakterien, Cyanobakterien und Pilzen aufgebaut. Sie wachsen verborgen unter einer dünnen Sandschicht heran, die durch Wind und Wasser abgelagert wurde.
Das Farbstreifen-Sandwatt ist ein verstecktes Ökosystem, lange nicht so auffällig wie Dünen oder Muschelbänke. Gleichwohl gehört es zu den ältesten Ökosystemen. Mikrobenmatten halten sich immerhin seit 3,5 Milliarden Jahren auf der Erde. Man hat sie in salzigen Seen Israels gefunden, in heißen Quellen der Tiefsee, am Grunde von Alpenseen - und eben im Wattenmeer.
Das Erfolgsrezept der Mikroben: Sie können ohne Sauerstoff Photosynthese betreiben, also Energie durch Gärung gewinnen, wobei Schwefel und Schwefelsäure entstehen. Die Cyanobakterien atmen wie höhere Pflanzen, benutzen also die Energie des Sonnenlichts. Sie leben in der obersten Matte, oft überlagert von einer dünnen Sandschicht. Darunter leben verschiedene Arten von Schwefelpurpurbakterien in einer eigenen Matte, die charakteristisch purpurrot bis rosa gefärbt ist. In der dritten Schicht leben schwefel- und sulfatreduzierende Bakterien. Das Farbstreifen-Sandwatt ist also streng senkrecht gegliedert. Über ein feingesponnenes Netz an Beziehungen sind die verschiedenen Mikroben miteinander verbunden und voneinander abhängig. Wichtige Nährstoffe werden über interne Kreisläufe weitergegeben. Erst in den letzten Jahren hat man erkannt, wie wichtig Mikrobenmatten sind. Sie können organisches Material im Sand einlagern. In Urzeiten könnte diese Eigenschaft dazu beigetragen haben, daß Erdöl und Erdgas entstanden ist.

Spiekeroog im Herbst. Der Wind weht aus Nordwest und spielt im Sand. Flugsand lagert sich in den Fußstapfen von Strandwanderern ab; im Windschatten von Glasscherben, Holzbalken, Pflanzenkeimlingen und Vogelkadavern wachsen kleine Sandzungen. Wo der Wind mit Wucht über nackten Sand streicht, können Dünen entstehen, die die Insel vor der anstürmenden Brandung schützen. Zu den reifen Düneninseln zählen die West- und Ostfriesischen Inseln; auf ihnen hat sich ein Dünensystem entwickelt aus Weiß-, Grau- und Braundünen. Dünen sind mehr als Naturdeiche aus Sand, die Insulaner zum Nulltarif vor hohen Fluten schützen. Dünen sammeln unter sich Niederschläge in einer Süßwasserlinse, die die Insel mit Trinkwasser versorgt. Und sie beherbergen ein vielgestaltiges Mosaik von Lebensräumen: Wüste liegt wenige Meter neben Moor, Trockenrasen neben Wald. Ohne „Dünenbildner", eine Handvoll spezialiserter Pflanzen, gäbe es keine Dünen.

Wie entstehen Dünen genau? Fällt die Wattkante steil genug zum Meer ab, prallt die Brandung unablässig dagegen. Die Wellen führen Sand mit sich und werfen ihn auf zu einer Sandbank, die allmählich höher wächst. Wird sie von mittleren Hochwassern nicht mehr erreicht, kann die Sandbank abtrocknen, bis der Wind den Sand erfaßt und ihn gleichmäßig verteilt. So entsteht eine flache Schwemmsandplatte, die nur noch von Sturmfluten überspült wird. Mit der Zeit festigen Mikroben des Farbstreifen-Sandwatts das Sediment. An der Hochwasserlinie vermischt sich Sand mit angeschwemmten Muschelschalen, Tangresten und Tierleichen. Diese Zone des Spülsaums ist sehr schmal, hat häufig Lücken und ist heutzutage leicht am Schiffsmüll zu erkennen. Beim Zerfall von Pflanzenteilen und Tierkadavern gelangen reichlich Nährstoffe in den Boden, Stickstoff vor allem, Lebensgrundlage für eine Reihe von Pflanzen, die hier zusammen gedeihen und eine eigene Formation bilden - die Spülsaumgesellschaft. Sie stehen etwas höher, wo Sturmfluten im Winter den Treibsel abgelagert haben.

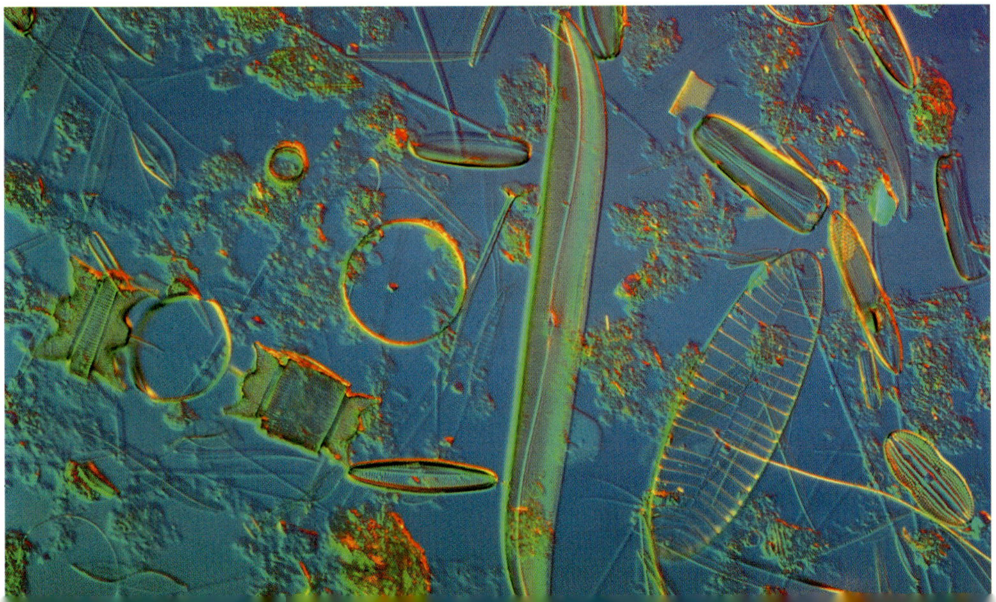

Erst unter dem Mikroskop wird die filigrane Schönheit der Kieselalgen offenbar. Sie sind kaum größer als ein Sandkorn (links oben). Die schiffchenförmige Navicula kann in Massen vorkommen (links unten), häufiger sind Ansammlungen verschiedener Arten zwischen organischen Partikeln (rechts unten). Die Kreisform kennzeichnet die planktische Kieselalge Coscinodiscus.

Dort gedeiht der Meersenf (Cakile maritima), ein Gewächs aus der Familie der Kreuzblütler, von Juli bis Oktober leicht an seinen hell-lila bis weißen Blüten zu erkennen. Der Name ist kein Zufall, wußten doch die Insulaner früher, die Samen der Pflanze zu Senf zu verarbeiten. Bis zu 60 Zentimeter hoch wird das Kali-Salzkraut (Salsola kali), der zweite markante Vertreter der Spülsaumgesellschaft. Es gleicht einem Dornengewächs, weil seine Vor- und Laubblätter zu spitzen Dornen auslaufen. Klein und unscheinbar sind seine Blüten, die einzeln an den Stengeln sitzen. Zu Rasen von mehreren Quadratmetern Fläche kann die Salzmiere (Honkenya peploides) heranwachsen, ein Nelkengewächs mit knapp fingerlangen Stengeln, an denen dickfleischige Blätter sitzen, auffallend zu vier Reihen etagenartig angeordnet. Im Sommer treibt die Pflanze winzige, weiße Blüten hervor. Wo die Spülsaumgesellschaft stärker Wind und Flut ausgesetzt ist, vermag als einzige die Salzmiere zu überdauern. Allen Vertretern ist gemein, daß sie großenteils absterben, nachdem ihre Früchte im Frühherbst reif gewor-

den sind. So entgehen sie den Wintersturmfluten. Jedes Jahr wachsen sie wieder neu heran. Pflanzen im Spülsaum bilden keine Dünen. Interessant wird es erst, wenn die Samen der Strandquecke (Agropyron junceum) Fuß fassen. Zunächst treibt der Keimling seine Wurzel zum Grundwasser. Dann schickt er flache Ausläufer nach allen Seiten, die den Sand verfestigen. Der Sproß in der Luft „fängt" Flugsand ein, der lagert sich zwischen den Halmen ab und wächst allmählich in die Höhe. Zur gleichen Zeit schickt die Pflanze neue Sprosse aus ihren Ausläufern. Sie durchstoßen die Sandschicht und wachsen in die Höhe. Die Horste der Strandquecke schließen sich zu größeren Feldern zusammen, und mit der Zeit entsteht ein Landschaft aus runden Hügeln und Kuppen - die Strandquecken-dünen, auch Primär-, Vor- oder Embryonaldünen genannt.

Die Sprosse der Strandquecke stehen nicht allzu eng, bieten dem Wind also wenig Widerstand, weshalb Primärdünen kaum höher als zwei bis drei Meter werden. Wichtig ist: Die wachsende Primärdüne wird immer seltener vom

An der Hochwasserlinie, wo Tangreste und Tierleichen beim Zerfall Nährstoffe an den Boden abgeben, können Pionierpflanzen gedeihen wie der Meersenf (links), mit vier Blütenblättern ein Kreuzblütler. Das stachlige Kali-Salzkraut (Mitte) ist ein Gänsefußgewächs, während die Salzmiere zu den Nelkengewächsen gehört.

Die Binsen- oder Strandquecke ist ein Dünenpionier. Die Einzelbüschel sind in der Lage, Flugsand einzufangen, ein bis zwei Meter hohe Minidünen entstehen, die auch zu geschlossenen Hochflächen zusammenwachsen können.

Meer überschwemmt. Regen wäscht das Salz aus dem Sand und sammelt sich am Grund. Und hat sich ein kleines Süßwasserkissen unter der Primärdüne entwickelt, erscheint auf der Düne der Strandhafer, Ammophila arenaria, zu deutsch: der Freund des Sandes. Der schickt meterlange Ausläufer in den Sand, unterirdische Kriechsprosse, aus denen mit der Zeit eine riesige, weitverzweigte Pflanze heranwächst mit mannshohen Sprossen über dem Sand. Strandhafer ist ungemein vital und robust: Wird er verschüttet, treibt er wieder hervor; versalzt ihm eine Sturmflut für kurze Zeit das Grundwasser - macht nichts. Droht starker Wind und Sonne ihn auszutrocknen, rollt er seine Blätter seitlich ein. Zerrt der Wind an ihm herum - er erträgt es, und vor Einschlägen fliegender Sandkörmer bewahrt ihn eine dicke Außenhaut. Der Strandhafer ist ein Lebenskünstler, er wächst in Horsten heran, die viel dichter und höher sind als die der Strandquecke und wesentlich mehr Sand abfangen. Sand satt, das ist alles, was der Strandhafer braucht - und das ohne Unterlaß. Bleibt der Nachschub aus, fängt das Gras an zu kümmern. Nur frischer Sand enthält genügend Nährstoffe.

So wächst die junge Weißdüne rasch und steil heran, bis zu einer Höhe von 15 und mehr Metern. Und hoch oben thront der Strandhafer, der sie erschaffen hat, und hält sie gekonnt mit einem Geflecht von Wurzeln und Ausläufern beisammen. Einzelne Weißdünen wachsen nach und nach zusammen zu einem imposanten Dünengürtel, der die Insel vor Sturmfluten schützt.
Obwohl reichlich Nährstoffe herangetragen werden, ist die Weißdüne arm an Pflanzenarten; viele Pflanzen können die Sandverwehungen nicht vertragen, und außerdem ist der Strandhafer eine zu große Konkurrenz. Die Stranddistel (Eryngium maritimum) kann sich hier behaupten. Vielerorts ist diese Pflanzenschönheit bereits eine Rarität. Ihr stachliges Äußeres erinnert zwar an Disteln, doch gehört sie nicht zu den Korbblütlern. Die Stranddistel ist ein Doldengewächs, verwandt mit Sellerie und Kümmel. In der Strandhafergesellschaft wohnen noch das Dolden-Habichtskraut (Hieracium umbellatum), ein Korbblütler und ebenso gelbblühend wie die Sand-Nachtkerze (Olnothera parviflora). Schafft das Meer genügend Sand heran, türmt sich rasch ein neuer Gürtel von Weißdünen auf; die

Im Windschatten von Weißdünen kann der Sanddorn zu einem dornigem Gestrüpp heranwachse (links). Die leuchtend orangen Beeren der weiblichen Pflanzen (Mitte) sind willkommene Bissen für durchziehende oder überwinternde Vögel. Weiter landeinwärts wird das Kleinklima milder, die Dünen können vergrasen, an den Nordhängen wird die höhere Luftfeuchte abends als Bodennebel sichtbar (rechts).

alte Hauptdüne wird von der Zufuhr frischen Sandes abgeschnitten und beginnt sich zu verändern. Sie wird allmählich zur Graudüne - ein Prozeß, der etwa 10 bis 20 Jahre dauert, erheblich länger als der Übergang von der Primär- zur Weißdüne. Der Sand erscheint mit der Zeit grau, weil zerfallende Pflanzenteile ihn mit Humus anreichern. Mit dem Dünenalter nehmen die Nährstoffe ab, weil sie nach und nach ausgewaschen werden. Die Strandhaferflur beginnt zu verkümmern, dafür wandert der Sand-Rotschwingel ein. Das dunkelgrüne Gras kündigt den Übergang zum Dünenrasen aus Kleingräsern an, dem Schillergrasrasen und der Silbergrasflur.

Im Schillergrasrasen nimmt die Artenzahl rasch zu. Das Sand-Lieschgras (Phleum arenarium) erscheint, die Sandsegge (Carex arenaria) entsendet horizontale Kriechsprosse unter der Oberfläche. Das Dünen-Veilchen (Viola tricolor) wird häufiger, im Hochsommer blüht ebenfalls blau das Berg-Sandglöckchen (Jasione montana), Hasenklee (Trifolium arvense) gesellt sich hinzu, dazu

Drastisch zurückgegangen ist die Lebensgemeinschaft der Seegraswiese. Sie bot vielen Watttieren Lebensraum, die jetzt selten geworden sind: Schlangennadel, Seestichling und Netzreusenschnecke.

Mit dem Queller siedelt das Schlickgras (Spartina anglica). Die Pflanze ist auffallend hoch mit steifem Stengel und derben Blättern. Im Jahre 1927 hat man sie von der englischen Küste ins Watt geholt, um mit ihr Vorland zu gewinnen - ein Fehlschlag. Im freien Watt wächst das Schlickgras zu isolierten Horsten heran, die den Ebbstrom einengen und so seine Kraft erhöhen, Wattboden abzutragen und Kolke auszuspülen. Außerdem durchdringt es die höher gelegenen Salzwiesen und verdrängt konkurrenzschwächere Pflanzen. Neben Queller und Schlickgras gedeiht die Strandsode (Suaeda maritima), auch sie eine Pionierpflanze mit dickfleischigen Blättern. Queller und Strandsode können besonders gut Salz vertragen und helfen, den angespülten Schlick und Sand zu fangen. Ihre Wurzeln befestigen das Sediment.

Steht der Queller dicht an dicht, kommt das Wasser zur Ruhe. Kotröllchen von Wattkrebsen und anderen Wattbewohnern lagern sich gleichmäßig ab. Ist der Wattboden hoch genug angewachsen, gesellt sich das Andelgras zu den Pionieren. Stirbt der Queller im Herbst ab, treibt das Andelgras (Puccinellia maritima) im folgenden Jahr nach allen Seiten. Die Ausläufer sind bestens geeignet, die anfallenden Sedimente zu binden und größere Flächen zu erobern. Andelgras baut Bulten, die mehr und mehr zusammenrücken und mit jeder Flut Schwebstoffe einfangen. Die oberen Pflanzen geraten nur noch kurz unter Wasser.

In den Lücken siedeln konkurrenzschwächere Pflanzen wie Strand-Dreizack (Triglochin maritimum) und Strand-Wegerich (Plantago maritima). Keimlinge des lichthungrigen Quellers haben hier keine Chance mehr. Oberhalb der mittleren

Am weitesten aufs Watt wagt sich der dickfleischige Queller, eine äußerst vielgestaltige Pionierpflanze, die auch Flugsand verträgt.

Hochwasserlinie wächst das Andelgras in einer geschlossenen Rasendecke. Dieser Bereich, die Andelzone, gerät bis zu 200 Mal im Jahr unter Wasser; der Boden ist so salzig wie das freie Watt.
Dazu gesellen sich Strand-Milchkraut (Glaux maritima) und die zarte Salz-Schuppenmiere (Spergularia salina). Auch die Strandaster (Aster tripolium) dringt bis in die Andelzone vor. Häufiger wird sie an der unteren Grenze des Andelrasens angetroffen, nahe der mittleren Hochwassergrenze, obwohl ihr die Lebensumstände dort gar nicht zusagen: Strandastern keimen und wachsen bei niedrigen Salzkonzentrationen am besten. Das ist kein Widerspruch, nur ein Beleg für die starke Konkurrenz anderer Pflanzen in der höher liegenden Salzwiese, gegen die der Nachwuchs der Strandastern nicht hochkommt. Strandastern sind wie Sumpfpflanzen gebaut: Ob Wurzel, Stengel oder Blatt - alles ist mit Luftkammern durchzogen, weshalb die Pflanze Überflutungen und nassen Boden gut vertragen kann. Derart gerüstet kann sie weit ins Watt vordringen, bis zu hohe Salzgehalte sie stoppen. In einer natürlichen Salzwiese bildet sich ein Rinnensystem heraus, das Gelände wird abwechslungsreicher, Priele entstehen. Deren Ränder wachsen allmählich in die Höhe, weil Pflanzen, die dort gedeihen, das meiste Sediment festhalten. Feinere Schwebteilchen setzen sich dahinter ab. So wächst ein Relief aus Wällen und Becken heran, durchzogen von sich schlängelnden Rinnen, ein Mosaik unterschiedlicher Kleinstlebensräume.
Silbergrau bedeckt die Strand-Salzmelde oder Portulak-Keilmelde (Halimione portulacoides) die Prielufer. Dort gedeiht sie üppig, weil der Boden ausreichend mit Sauerstoff versorgt wird, und wächst zu knietiefem Gestrüpp heran. Etwas höher steht der Meerstrand-Beifuß (Artemisia maritima) Die Pflanze verströmt einen würzigen Geruch. Sie braucht besonders viel Stickstoff, den die Flut mit Schlick und Getreibsel heranträgt. Am oberen Ende des Andelrasens wächst der

Strandflieder oder Widerstoß (Limonium vulgare), eine der auffälligsten Pflanzen in der Salzwiese. Nur noch an wenigen Stellen ist sie so häufig, daß ihre lilafarbenen Blüten ganze Flächen einfärben. Wenig salzig ist das hohe Vorland, das vom Rotschwingel (Festuca rubra ssp. litoralis) beherrscht wird - die Rotschwingelzone. Sie beginnt etwa 35 Zentimeter über der mittleren Hochwassergrenze. Hier gedeihen Strand-Wegerich und Strand-Grasnelke (Armeria maritima).

Rund 55 Pflanzenarten leben in der Salzwiese, ihnen ist gemein: Sie brauchen ausreichend Nährstoffe, viel Licht und können Salz ertragen. Queller und Strandaster pumpen zusätzlich Wasser in ihre Zellen, um das angesammelte Salz zu verdünnen; sie quellen auf, was dem Queller den Namen eintrug. Strandflieder und Schlickgras verfügen über Drüsen, bis zu 500 auf einem Quadratzentimeter Blatt, die feine Salzkristalle auf der Oberfläche ausscheiden. Um überschüssiges Salz loszuwerden, haben Portulak-Keilmelde und Spießmelde spezielle Haare

Nicht gerade häufig sind Salzwiesen, durch die sich Priele auf natürliche Weise durchschlängeln dürfen (links). Nur im Windschatten wird die Strand-Grasnelke bis zu 30 Zentimeter hoch (Mitte), während die dicht über dem Boden wachsende Flügelsamige Salz-Schuppenmiere ohne Blüten kaum zu finden ist (rechts).

gebildet, die aus einer Stiel- und einer Blasenzelle bestehen. Die Zellen sitzen dicht an dicht, weshalb die Blätter wie mit Mehl bestäubt wirken. Ist die Blasenzelle mit Salz gefüllt, wird sie abgeworfen und bald erneuert. Um sich des Salzes zu entledigen, können auch alte Blätter abgeworfen werden - eine Strategie, die Strandaster und Halligflieder verfolgen. Andere Pflanzen in der Salzwiese haben ihren Stoffwechsel angepaßt; sie überstehen Überflutungen, ohne Schaden zu nehmen. Allesamt sind sie hoch spezialisiert, und einige können in anderen Ökosystemen überhaupt nicht mehr leben.

Salzwiesen sind ökologische Kampfzonen, für Tiere ein schwieriger Lebensraum. Sie müssen mit dem hohen Salzgehalt ihrer Nahrungspflanzen fertig werden, die ständige Überflutung ertragen, und außerdem dafür sorgen, daß Eier und Larven geschützt sind. Dennoch haben sich zehnmal so viel Tiere wie im freien Watt erfolgreich angepaßt. Rund 1.650 Arten der Makrofauna allein, größer als ein Millimeter, haben Ökologen gezählt. Sie überstehen schadlos wochenlange

Überflutung und ebenso Trockenheit. Die Hälfte von ihnen kann nur hier leben: endemische Organismen, nirgendwo sonst auf der Welt zu finden. Nur wer sich die Mühe macht, genau hinzusehen, wird sie in der Salzwiese entdecken. Sie bauen, bohren, baggern und buddeln - ihre Techniken, um sich in Sicherheit zu bringen. Im Verborgenen lebt der Salzkäfer (Bledius spectabilis) und wagt sich bis in die Quellerzone vor, wo der Sandboden dünn mit Schlick und Algen überzogen ist. Bis zu 300 Käfer können auf einem Quadratmeter Watt wühlen und graben. Hier gräbt der Salzkäfer zehn Zentimeter tiefe Röhren in den Sand und ist ständig bemüht, die Wohnröhre in Schuß zu halten. Was Bledius an Sandkörnern nicht im Gang verkeilen kann, baggert er an die Oberfläche, wo kleine Sandhäufchen seinen Wohnsitz verraten. Kommt die Flut, verschließt er den Bau mit einem Sandpropfen. Erst bei Ebbe verläßt er seinen Wohnbunker und geht auf die Algenweide vor seiner Haustür.
Salzkäfer meiden den Kontakt mit Salzwasser, andere Salzwiesenbewohner nehmen ihn in Kauf. Einige Zwergspinnen knüpfen ihre Netze über und

unter Wasser. Sie leben am feuchten Boden, im dichten Filz der Pflanzen und jagen dort nach Springschwänzen. Zwergspinnen macht Meerwasser nichts aus, selbst stark schwankenden Salzgehalt können sie ertragen und, wenn nötig, ihre Lungen verschließen und Luft durch die Haut aufnehmen - Anpassungen, die ihnen das Überleben sichern.
Der stete Zustrom von Nahrung in der Salzwiese in Form pflanzlicher und tierischer Abfallstoffe wird von Spezialisten verarbeitet, den Zersetzern. Fliegen und Mückenlarven, Flohkrebse, Käfer, Hornmilben und Springschwänze - etwa 500 Tierarten sind damit beschäftigt, das angespülte Material zu bewältigen, aber auch das, was die Salzwiese selbst an Pflanzenabfall produziert: 60 bis 80 Tonnen Biomasse pro Jahr und Hektar - eine Produktionskraft, die der tropischer Regenwälder gleichkommt. Nur: Im Gegensatz zum Tropenwald wird in der Salzwiese die gesamte Biomasse in einem Jahr erzeugt, umgesetzt und auch wieder abgebaut. Mit 400 Arten sind die Parasiten in der Salzwiese ungewöhnlich zahlreich. Allein im Queller leben die Raupen von drei Schmetterlingsarten, darunter die

An wenigen Stellen wächst die Strandaster in dichten, bis zu zwei Meter hohen Bestände (links). Erst im zweiten Jahr blüht der mit dem Löwenzahn verwandte Korbblütler (rechts).

In der oberen Salzwiese, der Rotschwingelzone, wachsen Strandbeifuß und Strandflieder dicht an dicht (oben). 20 bis 190 mal im Jahr wird die Rotschwingelzone überflutet, was dem Strandflieder aber nichts ausmacht (rechts).

Queller-Palpenmotte. Deren Raupe nagt im saftigen Sproßgewebe ein Höhle, die sie mit einem Gespinst abschirmt. Das schützt sie nicht vor der Brackwespe Scrobipalpa salinella, die mit Hilfe ihres Legestachels ein Ei in die Raupe ablegen kann. Der Vorteil für beide: Im Inneren von Pflanzen und Tieren zu leben, bietet Schutz vor Flut und Salz. Besteht der Wirt den Daseinskampf, kann auch der Parasit überleben. In hohem Maße sind die Überlebensstrategien von Salzwiesentieren und -pflanzen miteinander vernetzt und voneinander abhängig. Sie nutzen die wichtigste ökologische Nische: das reiche Angebot an Pflanzenkost. 420 Tierarten leben von 25 Salzpflanzen. Beliebt ist die Strandaster, in deren Blüten, Blatt- und Stengelgeweben allein 25 wirbellose Tiere leben, kaum weniger nutzen den Meerstrand-Wegerich. Wird eine Pflanze durch Schafe oder Rinder gefressen, verschwindet eine ganze Anzahl von pflanzenverzehrenden Insekten, Räuber und Parasiten, die von ihnen leben. Trotz aller Spezialisierung - die größte Gefahr für alle Salzwiesen-Insekten ist das Hochwasser. Mit jeder Flut wird eine Unzahl von Tieren ins Meer gespült. 90 Prozent des Nachwuchses aller

Die Strandsode ist mit dem Queller vergesellschaftet und gehört wie er zu den Gänsefußgewächsen. Farbenpracht entwickeln beide im Herbst, bevor sie absterben. Durch Abbau von Blattgrün wird roter Farbstoff sichtbar - „indian summer" im Watt.

Gliedertiere in der Salzwiese wird ins Meer verdriftet und kommt dort um. Viele Arten gleichen den Aderlaß aus, indem sie zehnmal mehr Nachwuchs nachliefern als andere Arten.

Auch auf dem Luftweg verläßt eine Vielzahl von Insekten die Salzwiese. Sie werden nicht passiv verdriftet, sondern fliegen mit dem Wind über das Meer. 250 Insektenarten von der Küste wurden auf dem Feuerschiff „Elbe I" in der Nordsee gefangen, 30 Kilometer vom Festland entfernt. Mit dem Ausfliegen sollen Lebensräume neu besiedelt werden, zum Beispiel die Salzwiesen auf den Halligen. Zwei bis drei Wochen dauert es in der Regel, bis Insekten aus Vorlandsalzwiesen die Salzwiesen der Halligen erobern. Eine Vielzahl von Salzwiesen-Insekten verfolgt diese Strategie, um als Art zu überleben. Und sie wird mit enormen Verlusten erkauft: Bis zu 50 Tonnen Insektenmasse pro Tag können an einem tausend Meter langen Küstenstreifen auf der Meeresoberfläche „niederregnen". Salzwiesen sind Kampfzonen, die ihren Bewohnern viel abverlangen. Mehr als 600 Tierarten haben sich derart angepaßt, daß sie nur noch hier überleben können - nirgendwo sonst. Die Salzwiesen sind also endemische Ökosysteme: Es gibt sie nur einmal auf der Welt.

Unscheinbar sind die Blütenähren des Strand-Dreizacks, der von einem Marienkäfer besucht wird. Vom Strand-Dreizack leben allein neun pflanzenfressende Insektenarten. Die in arttypischen Wohnröhren lebenden Salzkäfer (oben) fressen Algen, die sie von Sandkörnern abschaben.

Nationalpark - Wohin?

Das Wattenmeer vor der Küste mit seinen Inseln ist in seiner Ausprägung einmalig und nicht zu ersetzen. Um den höchstmöglichen Schutz dieser wertvollen Landschaft zu erreichen, haben die drei Bundesländer Schleswig-Holstein, Niedersachsen und Hamburg ihr Wattenmeer zu Nationalparken erklärt. Nationalparke haben, vereinfacht ausgedrückt, zwei Aufgaben: Sie sollen den möglichst ungestörten Ablauf von Naturvorgängen gewährleisten und die Tier- und Pflanzenwelt erhalten. Deshalb sind in Nationalparken alle Handlungen, die Landschaften und Lebensgemeinschaften zerstören oder beschädigen, grundsätzlich verboten. Auf der anderen Seite sollen Nationalparke, soweit möglich, der Allgemeinheit zur Erholung und zum Naturerlebnis geöffnet werden. Um den Schutz der Natur zu ermöglichen, aber auch das Interesse an Bildung und Erholung zu berücksichtigen, sind Nationalparke in verschiedene Zonen mit unterschiedlichem strengem Schutz unterteilt:

Zone 1: Darin liegen die wichtigsten Areale des Wattenmeeres: Brut- und Rastplätze von Vögeln, Seehundbänke, schützenswerte Salzwiesen u.a.

Eigentlich ist die Zone 1 die Fläche des Nationalparks mit dem strengsten Schutz. Das Betreten ist in der Regel gar nicht oder nur auf ausgewiesenen Wegen erlaubt. Gewerbliche Fischerei ist allerdings nicht verboten, außer im Hamburger Wattenmeer-Nationalpark.
Zone 2: Sie darf in weiten Bereichen betreten werden und dient gewissermaßen als Puffer für Zone 1. Verboten sind alle Handlungen, die den Charakter des Wattenmeeres oder das Landschaftsbild verändern und den Naturgenuß beeinträchtigen. Eine naturverträgliche Nutzung der Flächen ist zugelassen.
Zone 3: In der Erholungszone findet Naturschutz nicht statt. Sie soll als Badestrand oder für Kureinrichtungen genutzt werden.
Zwischen den Zonenkonzepten der Bundesländer bestehen große Unterschiede. Die wichtigsten: Im schleswig-holsteinischen Wattenmeernationalpark sind die Zonen 2 und 3 nicht festgelegt worden. Die Halligen und Inseln gehören nicht zur Nationalparkfläche, und der Nationalpark beginnt erst 150 Meter vor dem Deich - Fehler mit gravierenden Folgen: Lediglich 58 Prozent der Salzwiesen

Ein Krabbenkutter mit hochgezogenen Netzen - ein schönes Bild, doch trügt die Idylle. Miesmuschelfischerei stört die Bodenlebewelt über Jahre. Durch die schweren Fanggeschirre sind Lebensgemeinschaften wie Seemoos- und Korallenmoosbestände und Schwämme fast verschwunden. Schafe fressen immer noch auf naturgeschützten Vorlandsalzwiesen, lediglich 4 Prozent der Flächen sind unbeweidet. Das alle Verantwortlichen im Ernstfall hilflos sind, hat die Havarie der „Pallas“ wieder einmal bewiesen.

Algenschaum am Strand ist ein sichtbares Zeichen für die Bedrohung von Nordsee und Wattenmeer. Über die Flüsse und Atmosphäre gelangen Hunderttausende von Tonnen an Schadstoffen unsichtbar ins Wattenmeer.

gehören zum Nationalpark, besonders die Sandsalzwiesen der Inseln und die Ästuarsalzwiesen liegen außen vor. Strände, Strandwälle, Dünen, Heiden und Kliffs auf den Inseln, die einzigen Dünenbereiche am Festland bei St. Peter-Ording, die Godel-Niederung auf Föhr - allesamt gefährdete Biotoptypen und Lebensräume, die funktionell zum Ökosystem Wattenmeer gehören, aber nicht zum Nationalpark. Dafür dürfen sich 60 Prozent der Salzwiesen, die im Nationalpark liegen, natürlich entwickeln: Sie werden nicht mehr beweidet. Bei der anstehenden Novellierung des Nationalparkgesetzes in Schleswig-Holstein im Jahre 1999 können einige Defizite beseitigt werden. Der Nationalpark soll seeseitig erweitert werden und künftig zwei Schutzzonen haben. Und auch die Kernzonen, bisher lediglich Robbenliegeplätze, Brut- und Mausergebiete, sollen nach naturräumlichen Kriterien ausgewiesen werden. Auch das längst überfällige Walschutzgebiet vor Sylt und Amrum hat große Chancen, umgesetzt zu werden. Gravierende Mängel allerdings wie der „150-Meter-Streifen", das Fehlen

wichtiger Lebensräume der Inseln und des Festlandes werden nicht behoben. Im krassen Widerspruch zur Nationalparkidee bleiben weiterhin die Ölförderung im Watt bei Friedrichskoog, die Munitionstest von Rüstungskonzernen in der Meldorfer Bucht und die Miesmuschelfischerei, die ihre Kulturflächen seit bestehen des Nationalparkes klammheimlich von 1300 Hektar auf 2800 Hektar erweitert hat.
In Niedersachsen sind die Inseln mit in den Nationalpark eingeschlossen, bis auf die Siedlungsbereiche. Der Nationalpark fängt direkt am Deichfuß an. Im niedersächsischen Wattenmeer wurde die EUROPIPE-Gasleitung verlegt, wobei auf 1500 Hektar Wattfläche alles Leben im Wattboden vernichtet wurde. Erdgasförderung im Vorfeld führt zu Störungen durch Bau, Betrieb und Versorgung der Anlagen. Mehrere Emsvertiefungen haben sich negativ auf die Watten des Dollarts und im Nationalpark ausgewirkt. Der geplante Bau des Ems-Sperrwerkes würde eines der letzten verbliebenen Ästuare zerstören. Die Miesmuschelfischerei ist wie in Schleswig-Holstein viel zu intensiv ebenso wie Flug-, Boots- und Schiffsverkehr.
Zum Hamburger Wattenmeer-Nationalpark gehören Neuwerk und Scharhörn. Er umfaßt lediglich zwei Zonen. Die Zone 2 hat zwar zum Teil Erholungscharakter. In allen großen Prielen wird nach Garnelen gefischt. Auf der Außenelbe am Nationalpark werden 80.000 Schiffsbewegungen im Jahr gezählt - eine gravierende Belastung und permanente Gefahr. Dafür ist im Hamburger Nationalpark die Jagd generell verboten. In Schleswig-Holstein und Niedersachsen ist es zwar gelungen, die Jagd auf Wasservögel einzuschränken, gänzlich verboten ist sie immer noch nicht. Auf Inseln und im Deichvorland darf in Niedersachsen selbst in der Ruhezone noch gejagt werden. Und Mitglieder des Elbjägerbundes dürfen im freien Watt vor dem Dieksander Koog und dem Kaiser-Wilhelm-Koog jagen - auf 5.800 Hektar Wattfläche bis zum Jahre 2012. Darüber hinaus sind alle Flächen der Inseln und Halligen, die zwar im schleswig-holsteinischen Nationalpark liegen, aber nicht dazu gehören, zur Jagd verpachtet. Selbst die Entenjagd in Vogelkojen wird auf Föhr noch ausgeübt.
An der gesamten Wattenmeerküste sind zahlreiche Windkraftanlagen aufgestellt worden, ein Hindernis für ziehende und rastende Vögel. Weite Bereiche im Nationalparkvorfeld ähneln eher einer Industrielandschaft als einer Naturlandschaft. Bisher hat das Schutzinstrument „Nationalpark" weitere Belastungen der Natur nicht verhindern können. Dennoch muß gesagt werden: Ohne Nationalparke wäre es um den Zustand des Wattenmeeres weitaus schlechter bestellt. Nationalparke sind ein wichtiges Stück Zukunftssicherung für die Küstenregion, für die Natur und für die Menschen. Doch erst wenn es gelingt, das nötige Verständnis für die Idee des Nationalparks zu verbessern, kann er seine Wirkung als Schutzinstrument nach und nach entfalten.

Auf geführten Wanderungen kann man das Wattenmeer am umweltverträglichsten erleben.

Karte: Common Wadden Sea Secretariat, Wilhelmshaven, 1999

Im Wattenmeer gelten zahlreiche nationale, aber auch internationale Übereinkommen, Richtlinien und Bestimmungen. Im Jahre 1991 haben die Umweltminister von Dänemark, Deutschland und den Niederlanden in Esbjerg konkrete gemeinsame Grundsätze und Ziele zum Schutz des Wattenmeeres beschlossen. Demnach soll das Wattenmeer so weit wie möglich als ein sich selbst erhaltendes Ökosystem geschützt werden, in dem natürliche Prozesse ungestört ablaufen können. Ziel ist der Schutz des Tidebereichs, der Salzwiesen, der Strände und der Dünen.

Auf weiteren Regierungskonferenzen wurden 1994 in Leeuwarden die Gebietsabgrenzungen des „Trilateralen Wattenmeer-Kooperationsgebietes“ definiert und 1997 in Stade der Trilaterale Wattenmeerplan verabschiedet, der die Grundlage für die weitere Wattenmeerzusammenarbeit bildet. Im Kooperationsgebiet liegt das „Trilaterale Schutzgebiet“ und umfaßt:

- in den Niederlanden die Gebiete des Wattenmeer-Memorandums einschließlich Dollart,
- in Deutschland die drei Wattenmeer Nationalparke, die Naturschutzgebiete seewärts vom Hauptdeich und der Brackwassergrenze einschließlich Dollart,
- in Dänemark das Wattenmeer-Schutzgebiet (Wildlife and Nature Reserve Wadden Sea).

Museen, Zoos, Aquarien

Nordsee-Museum
Alfred-Wegener-Institut
27568 Bremerhaven

Küstenmuseum
Rathausplatz 10
26384 Wilhelmashaven

Vogelwarte Helgoland
Rüstringen
26384 Wilhelmshaven

Internationales Muschelmuseum
Lange Str. 16
26434 Hooksiel

Museum für Wattenfischerei
Wurster Landstr. 118
27638 Wremen

Kurioses Muschelmuseum
Mühlenstr. 71
27637 Nordholz-Deichsende

Naturkunde-Museum Niebüll
25899 Niebüll

Zoo am Meer Bremerhaven
H.-H.-Meier-Str. 5
27568 Bremerhaven

Seehundstation Friedrichskoog
An der Seeschleuse 4
25718 Friedrichskoog

Nordseeaquarium
Südstrand 21
26384 Wilhelmshaven

Seewasser-Schauaquarium
Alleestr. 50
25761 Büsum

Seewasseraquarium der
Meeresstation Helgoland
27498 Helgoland

Seewasseraquarium
25980 Westerland/Sylt

Vogelwarte Helgoland
27498 Helgoland

Informationszentren:
Niedersachsen

Nationalpark-Haus Baltrum
Haus Nr. 177
26579 Baltrum

Nationalpark-Schiff
Feuerschiff Borkum
Deichstraße 19a
26757 Borkum

Nationalpark-Haus Carolinensiel
Alte Pastorei
Pumphusen 3
26409 Wittmund-Carolinensiel

Nationalpark-Zentrum
Hans-Claußen-Straße 19
27476 Cuxhaven

Nationalpark-Haus Dangast
Zum Jadebusen 179
26316 Dangast

Nationalpark-Haus Dornumersiel
Oll Deep 7
26553 Dornumersiel

Nationalpark-Haus Dorum-Neufeld
Strandhalle Dorumer Tief
27632 Dorum-Neufeld

Nationalpark-Haus Fedderwardersiel
Am Deich 48
26969 Fedderwardersiel

Nationalpark-Haus Greetsiel
Schatthauser Weg 6
26736 Krummhörn/Greetsiel

Nationalpark-Haus Juist
Am alten Bahnhof
26751 Juist

Nationalpark-Zentrum Norden-Norddeich
Dörper Weg
26506 Norden-Norddeich

Nationalpark-Haus Norderney
Am Hafen 1
26548 Norderney

Nationalpark-Haus Wangerland
Zum Hafen 1
36434 Horumersiel

Nationalpark-Haus Wangerooge
„Rosenhaus“
Friedrich-August-Str. 18
26486 Wangerooge

Narionalpark-Zentrum Wilhelmshaven
Südstrand 110 b
26382 Wilhelmshaven

Schleswig-Holstein

Nationalpark-Informationszentrum
Altes Schleusenhaus
25761 Büsum

Kurverwaltung
Naturkundliche Ausstellung der Schutz-
station Wattenmeer in der Kurverwaltung
Am Südstrand
25761 Büsum

Naturschutzzentrum
Hanswarft
25859 Hallig Hooge

Naturkundliches Informationszentrum
der Schutzstation Wattenmeer
Kuno-Ehlfeldt-Haus
25997 Hörnum/Sylt

Außenstelle Schutzstation Wattenmeer
Schöpfwerk
25980 Keitum/Sylt

Naturzentrum Braderup
Naturschutzgemeinschaft Sylt
Am Tipkenhoog 5
25923 Braderup/Sylt

Naturzentrum Norddorf
25946 Norddorf/Amrum

Naturkundliches Informationszentrum
der Schutzstation Wattenmeer
Mittelstraße
25946 Wittdün/Amrum

Naturkundliches Informationszentrum
der Schutzstation Wattenmeer
Kurzentrum Norderhafen
25845 Insel Nordstrand

Naturkundliches Informationszentrum
der Schutzstation Wattenmeer
Anton-Heimrich-Haus
Liliencronweg 10
25849 Pellworm

Nationalpark-Informationszentrum Wyk
Rathaus
25938 Wyk auf Föhr

Naturkundliches Informationszentrum
der Schutzstation Wattenmeer
Sandwall 38
25938 Wyk auf Föhr

Nationalpark-Informationszentrum
Langeneß
Rickswarft
25863 Hallig Langeneß

Naturschutzzentrum Langeneß
Peterwarft
25863 Hallig Langeneß

Naturzentrum Nordfriesland
Bahnhofsstraße 23
25821 Bredstedt

Naturkundliches Informationszentrum
der Schutzstation Wattenmeer
Kurmittelhaus
Südstrand 5
25761 Büsum

Nationalpark-Informationszentrum
Friedrichskoog
Am Hafen
25718 Friedrichskoog-Spitze

Nationalpark-Informationszentrum
Meldorf
Meldorfer Hafen
25704 Meldorf

Außenstelle Schutzstation Wattenmeer
Leuchtfeuer Dienstgehöft
25881 Westerheversand

Nationalparkverwaltung:

Nationalparkverwaltung
„Niedersächsisches Wattenmeer“
Virchowstr. 1
26382 Wilhelmshaven

Landesamt für den Nationalpark
Schleswig-Holsteinisches Wattenmeer
Schloßgarten 1
25832 Tönning

Nationalparkverwaltung
Hamburgisches Wattenmeer
Naturschutzamt
Billstraße 84
20097 Hamburg 1

Vereine/Verbände:

Aktionskonferenz Nordsee e.V.
Kreuzstraße 61
28203 Bremen

Naturschutzgesellschaft
Schutzstation Wattenmeer e.V.
Grafenstr. 23
24768 Rendsburg

Schutzgemeinschaft
Deutsche Nordseeküste e.V.
Neumühlenstr. 1 a
26316 Varel

Verein Jordsand zum Schutze
der Seevögel und der Natur e.V.
Haus der Natur Wulfsdorf
22926 Ahrensburg

WWF Wattenmeerstelle
Schleswig-Holstein
Norderstraße 3
25813 Husum

WWF Wattenmeer & Nordseeschutz
Am Güthpol 11
28757 Bremen

WEITERE BILDBÄNDE AUS DEM TECKLENBORG VERLAG

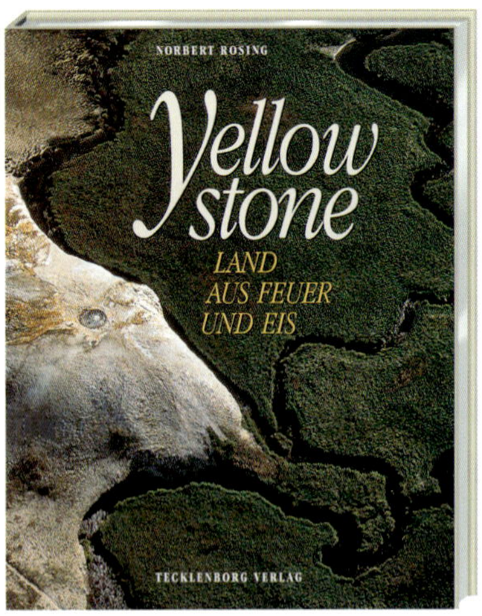

Norbert Rosing
Yellowstone
168 Seiten, 176 Abbildungen
Gebunden, 24 x 30 cm
DM 98,-

Es gibt wohl keinen anderen Nationalpark der Welt, der mehr Superlative aufweist als der Yellowstone. Neben der überwältigenden Vielfalt der Landschaft ist der Yellowstone vor allem aber auch Heimat für eine Fülle von freilebenden Großtieren. Schwarzbären lassen sich dort ebenso gut beobachten wie Grizzlybären, Elche, Wapitis, Großhornhirsche, Pumas und nicht zuletzt die mächtigen Bisons, von denen es inzwischen wieder einen stattlichen Bestand gibt und die auf dem besten Weg sind, die Prärien außerhalb der Parkgrenzen zurückzuerobern. Norbert Rosing, einer der besten deutschen Naturfotografen, durchstreifte den Nationalpark über ein Jahr lang, und es gelang ihm, den atemberaubenden Zauber des Yellowstone in seinen Bildern einzufangen.

Klaus Nigge
ADLERLEBEN
96 Seiten, 100 Farbbilder
Gebunden, 28 x 24 cm
DM 68,-

In den stillen Wäldern Britisch-Kolumbiens, an den einsamen Küsten Alaskas oder über den weiten Sumpflandschaften Floridas gibt es ihn noch zu beobachten, den nordamerikanischen Weißkopfseeadler. Die Faszination, die von diesem majestätischen Vogel ausgeht, spiegelt sich in vielen Kulturen des Nordens wider, die den Adler gleichermaßen verehrten und bewunderten. Der Naturfotograf Klaus Nigge hat diese Adler in den verschiedenen Verbreitungsgebieten Nordamerikas beobachtet und mit einfühlsamen Bildern das Leben dieser imposanten Greifvögel dokumentiert. Folgen Sie den Adlern, in das endlose Blau des Himmels, wenn sie im schnellen Sturzflug einen Fisch erbeuten oder mit zärtlicher Fürsorge ihre Jungen füttern.

Urs M. Bachmann
FASZINATION NEUSEELAND
152 Seiten, 169 Farbbilder
Gebunden, 30 x 24 cm
DM 88,-

Eine Reise durch Neuseelands weite und vielfältige Natur gleicht einer Reise um die Welt. In einer oftmals geradezu märchenhaft anmutenden Landschaft liegen karges Hochland, zerklüftete Fjorde, blanke Gletscher, dichte tropische Wälder oder romantische Buchten gelegentlich nur wenige Kilometer voneinander entfernt. Der Schweizer Naturfotograf Urs Bachmann bereist seit vielen Jahren dieses fiir uns Europäer so ferne und fremde Land. Neben einer Vielzahl sehr persönlicher Erlebnisschilderungen dokumentiert der Autor in diesem umfangreichen Bildband erstmals die einmalige, facettenreiche Flora und Fauna der Neuseeländischen Nationalparks und Klimazonen.